파리로 가는 길

박경화 수필집

교음사

책을 내며

  오랜만에 책을 만들 수 있는 채근이라든가 여건이라든가가 만들어졌습니다. 먼저 기회를 주신 선생님들께 감사드립니다.

  오래 꿈꾸어왔던 수필가로서 나름 열심히 공부하고 열심히 작품 활동을 한다고 했지만 중간중간 건강에 발목이 잡혀, 뽑아주시고 격려해 주시는 분들의 기대에 미치지 못하는 작가가 되어가는 건 아닌지 항상 걱정입니다. 그러나 작가로서, 건강이 허락하는 날까지 마음을 다해 공부하고 열심히 쓰겠습니다. 제가 몸도 마음도 힘들 때 '괜찮다, 좋아질 거야' 하시던 오경자 교수님, 이 책의 출간을 위해 애써주신 이민호 선생님, 고맙습니다.

2024. 12 수필가 박경화

차례

1. 파리로 가는 길

두루미의 춤 … 14
진주보다 영롱한 … 18
살리지 마세요(DNR): 지켜지지 않은 약속 … 23
오무라 마스오 교수님을 생각합니다 … 27
품격 판관 … 31
흰색의 착시현상 또는 챗GPT의 세상 … 39
가지 않은 길 … 46
뒤로 가기 … 52
파리로 가는 길 PARIS CAN WAIT … 56
프리다 칼로 … 62
세련된 폭력 … 66
곰 네 마리 … 70

2. 세상에서 가장 소중한 소금 한 알

딤섬(點心) … 78
최현배 선생의 우리말본, 양주동 선생의 고가연구
그리고 그다음 책 … 84
양고기를 앞에 놓고 한 식전 기도 … 89
민나야 나가자 … 95
어바웃 타임 … 99
기억들: 다른 과거를 위하여 … 104
세상에서 가장 소중한 소금 한 알 … 113
메리 크리스마스 … 117
코끼리는 꿈을 꾼다 … 121
아모르파티 … 124
전람회의 그림 그리고 고향의 노래 … 128

3. 장미의 이름 '기쁨'

Poverty Porno … 134

덜 쾌적하게 하소서 … 140

장미의 이름 '기쁨' … 144

날은 저문데 갈 길은 멀고 … 148

무지개와 푸른 장미 … 154

고흐가 그려준 내 마음의 쉼표 … 160

언덕에서 또는 두 점 사이의 최단 거리 … 165

라블레가 옳으면 어머니도 옳다 … 170

깊고 푸른 … 175

레테의 강 … 180

멀리 가려거든 … 186

아주 사적인 나의 퍼플 … 191

뉴턴의 아름다운 실험 −무지개 … 198

볼프강 보르헤르트의 잿빛 그리고 민들레 … 205

가을의 끝, 자작나무 숲의 환상 … 212

그럼에도 불구하고 … 218

겨울 강을 건너듯 … 223

같이 놀래요? … 227

지상의 별 … 231

가을앓이 … 234

1

파리로 가는 길

두루미의 춤

　작년에 혼자 된 친구가 김치를 많이도 보냈다. 오랫동안 손가락이 불편한 나를 위해 김장철이면 우리 집 김치까지 담가 보내곤 했는데, 이번에는 우체국까지 실어다 주던 남편이 안 계시니, 집안일 도와주는 이모와 둘이 무거운 박스를 바퀴 달린 가방에 넣어 우체국까지 끌고 갔다고 한다.
　친구는 젓갈을 가득 넣은 김치를 보낼 때마다 박스 속에다 바다에서 나는 먹을거리들을 같이 넣어서 보냈다. 김치와 함께 보낸, 된장에 버무린 배추 시래기에 대해서는 '양파, 마늘, 파를 듬성듬성 썰고 양지는 굵게 썰어 넣어서 푹 끓이면 맛있다'는 레시피를 알려주며 자기는 고기를 안 먹으려고 고기 대신 바지락을 조금 넣는다고 했다.
　우체국에 부치러 갔는데 박스가 너무 크다고 해서 둘로 나누느라 부산한 와중에 서영이가 전화를 해서 깜짝 놀랐다며 '얘가

뭘 보나?' 했단다. 김치를 두 박스에 나눠 담으며 주소를 다시 쓰느라 확인한다는 게 딸아이한테로 전화가 걸렸던 모양이었다. 아이가 "우리 집에 디모 방 있어요" 했다는데, 내가 류머티즘 표적치료 중이어서 면역이 많이 떨어져 있는 상황이라 하루 자고 가라는 그 말을 지키지 못하고 있다.

건강이 오래 안 좋으셨던 친구 남편은 우리가 가면 언제 아팠냐는 듯이 든든한 모습으로 친구와 함께 호텔로 데리러 오곤 했다. 호텔에서 묵는데도 기어이 기장 같은 바닷가로 딸 서영이 좋아하는 아귀찜 같은 해산물을 잘하는 집을 찾아다니던 모습이 눈에 선하다. 가족보다 가까운 친구와 우리를 늘 환대해 주던 친구 남편 덕에 부산에 이미 친정이 없는데도 벼르고 별러 1년에 한두 번은 내려갔었다.

친구는 음식을 참 잘한다. 밥상은 푸성귀를 비롯해서 해산물까지 더할 수 없을 정도의 건강 밥상이었는데, 친구네서 식사를 할 때는 그 상차림이 마치 오래전 어머니께서 차려주시던 밥상에 젓갈과 해산물이 더해졌다고 할까 그랬다. 부부가 기장, 일광, 바닷가 사람들이라 식습관도 비슷해서 외식도 집에서 하는 식사도 늘 의견일치를 보는 것 같았다. 우리 부부는 개성과 부산이라는 거리만큼이나 식습관도 달랐는데 수적으로 열세인 내가 많이 동화되어서 이제는 거의 비슷해진 것 같다. 우리나라 사람들의 보편적인 식단이라고 해도 무리가 없을 듯하다.

류머티즘과 오랜 기간 전쟁 중인 터라 나는 염증에 나쁜 음식들을 꿰고 있는데, 이것저것 빼다 보면 편하게 먹을 수 있는 음식들이 많지 않다. 친구도 자기네가 좋아하는 음식들이 몸에는 그다지 이롭다고 할 수 없다는 말을 한 적이 있다. 그럼에도 불구하고 어쩌다 친구네를 방문했을 때나 아예 방 하나를 통째로 내주어서 하루 머물 때는 친구가 차려내는 음식들에 감탄하곤 한다.

고등학교 1학년 때 한 반이던 친구가 집이 일광이어서 기차를 놓치면 우리 집에서 같이 자기도 했는데 그럴 때는 늘 부엌에 들어가 식사 준비를 하시는 어머니 옆에 붙어 서서 이것저것 거들곤 하던 생각이 난다. 그때 어머니는 지금 우리 나이보다 한참 어리셨고, 그때는 당연히 부모님도 나도 친구들도 모두 사랑하는 사람과 결혼하면 평생 일부일처로 산다는 두루미처럼 그렇게 살 수 있을 거라 확신했을 것이다.

두루미의 습성을 떠올리며 두루미 부부가 늙어서도 서로를 위해 춤을 춘다고 하는 아름다운 글을 본 생각이 나서 나는 내가 알고 있는 이 조류에 관한 정보가 맞나 하고, 최근 접하게 된 ChatGPT4o에게 물어보았다. 인공지능은 내가 설정한 멋진 목소리로 대부분 이미 내가 알고 있는 정보와 같은 이야기들을 읊어 주었는데, 좀 더 자세히 말해보라는 내 성화에 '그'는 '암컷이 낳은 1~2개의 알을 암컷과 수컷이 번갈아 가며 품고 새끼를 돌보는 것도 같이한다'라고 말해 주었다.

서로에게 진심이던 친구 부부의 모습이 내겐 늘 특별하게 느꺼졌었다. 그리고 문득 오래 잊고 있던 두루미의 춤이 떠올랐다. 우리 부모님께서도 어머니께서 먼저 가신 그곳에서 아버지를 기다리시다 이제는 서로 만나 첩은 아직 살아 이승에 있으니 옛날처럼 두 분이 마주 보며 두루미처럼 서로를 위해 우아한 춤을 추고 계실까?

  평생 새벽까지 공부하고 새벽까지 술 마시며, 그 두 가지밖에 할 줄 아는 게 없는 남편이 교수로 정년을 하고도 밤새워 책을 본다. 이제는 여기저기 건강에 문제가 생기고 있고 홀시어머니 홀시할머니 모시고 살면서 거기다 의지할 데라곤 나밖에 없던 동생들까지, 늘 힘들었던 나도 관절 때문에 이십 년 넘어 병원 나들이를 하고 있다. 그렇게 우리 둘 다 정신없이 젊은 시절을 보냈고, 언젠가부터는 옛날 생각을 잘 하지도 않게 된 것 같다. 두루미의 춤을 떠올리다 갑자기 우리 부부의 스무 살 시절이 생각났다. 우리가 가장 먼 여행을 떠나기 전까지 처음 만났던 어린 시절처럼 그렇게 아름다운 춤을 함께 출 수 있으면 좋겠다.

2024년

진주보다 영롱한

　새벽에 잠이 깨면 식구들이 일어날 때까지 거실 폴딩도어를 양쪽으로 접어서 밀어놓고 발코니에 나와 앉아 있곤 한다. 추운 계절에는 소파에 걸쳐놓고 낮잠을 잘 때도 덮는 체크무늬 숄을 두르고라도 웬만하면 발코니에 나와 앉는다. 어쩌다 일찍 잠이 깨어 느닷없이 거실로 나와 추운데 무슨 짓이냐고 하는 사람에게는 창을 열어 맑은 새벽 공기를 화초한테도 나눠주는 거라고, 별로 먹히지 않는 변명을 할 때도 있다. 내가 정말 그렇게 생각하는 것 같기도 하다. 새벽까지 공부하는 사람들이라 중국 무협 드라마가 끝날 때쯤 자고 일찍 일어나는 내가 이른 새벽 시간에 그 사람들을 만날 일이 거의 없긴 하다.
　요즘은 새벽 기온이 낮아서 거실 창만 밀어놓고 바깥 발코니 창은 열지 않는다. 그냥 화초들을 분갈이하거나 나무가 잘 자라도록 줄기들을 정리해 줄 때 쓰는 의자에 앉아 아침을 기다린다.

계절에 따라 꽃이 피거나 새잎이 돋아나는 나무들을 거실에서 잘 보이는 자리로 옮기는 것도 새벽에 한다. 호분 아래 꽃시장에서 블루 사파이어 같은 난초나 레몬밤 같은 허브를 팔 때 화초를 담아온 플라스틱 화분 받침들을 화분 아래 깔아두어서 새벽 시간에 아래층이나 식구들을 방해하지 않고 호작질을 할 수 있다. 새벽 시간 한두 시간을 나는 발코니에 가만히 앉아서 보낸다. 이십 년은 더 되었을 내 나름의 새로운 아침을 맞는 의식이자 내 오랜 우울에 대한 치료법이다.

밤 동안에 내리던 비가 이슬비로 변해 유리창 밖, 옆으로 뻗은 벚나무 잔가지들 아래쪽에 물방울을 한 줄로 매달아 놓고 있다. 가지마다 그렇게 매달려 있는 물방울들이 참 예쁘다. 조금 높은 쪽 가지 아래 새로운 물방울이 한 개씩 더 맺힐 때마다 끄트머리에 달린 물방울들이 밀려서 하나씩 땅으로 떨어진다. 어릴 적 내 꿈들이 하나씩 그렇게 떨어져 사라지고 있는 것 같다. 새로 맺히는 물방울이 내게 새로운 꿈이라는 생각은 하지 않은 것 같다. 더는 새 꿈을 꾸지 않을 나이가 된 건지도 모르겠다.

늘 아프면서 그냥 아팠지 한 번도 내가 왜 그렇게 오랫동안 아픈지 생각해본 적이 없었다. 다만 가끔 마음이 너무 힘들 때는 몸이라도 아파야 견디지 건강한 몸으로는 버티지 못했을 거라는 말도 안 되는 생각을 언뜻언뜻 하기도 한다. 이십 년 넘어 같은 약을 쓰면서 어떤 대안도 제시한 적 없었던 의사와 똑같이, 아픈 주체인 나조차도 내 병에 대해 스스로 생각하기보다는 그저 진료일을 기억하는 것이 전부였던 것 같다. 내 병에 익숙해지기만 했던 건 아니었는지.

　내가 두 번째 수필집 『색채 에세이 그리고 아모르파티』에 인용했던 이한재 작가의 시 「징검다리」를 읽으면서 울컥했던 건 시인의 고향 이야기가 내 마음을 건드렸기 때문이었다. '내게도 고향이라는 게 있었구나' 해서였는데, 작가의 '징검다리'를 건너면서 오래 전에 누렸던 어린 시절의 평화롭던 일상을 기억해내고, 오랜만에 감사하는 마음으로 부모님을 생각할 수 있었다. 그렇게 아무렇지도 않았던 그 날들이 가장 행복한 시간이었다는 생각을 해본 적이 없었던 것 같다.

　키도 작고 몸도 약해서 어릴 적 친구가 기억하는 것처럼 늘 어머니가 학교에 들락거리셨지만 약한 것 말고는 딱히 힘든 줄 모르고 자라 마음이 힘들다거나 불행하다는 생각을 했던 적은 없었다. 어머니는 어린 내가 백일해를 시작으로 두세 살이 될 때까지 죽었다 살아났다를 반복하면서도 끝까지 생명줄을 놓지 않고 견뎌냈다고 말씀하시곤 했다. 어쩌면 어렵게 견뎌낸 어릴 적 그 오랜 고난의 시간이 습관이 되어 어른이 된 다음에도 견디지 않았어야 했던 힘든 일들을 그냥 혼자서 견뎠는지도 모르겠다. 지금은 세상일이라는 게 견뎌내는 것만이 능사가 아니고 미덕은 더욱 아니라는 생각을 하기도 한다.

　진주보다 영롱한 새로운 물방울이 하나씩 새로 맺힐 때마다 내 어린 시절 꿈들이 하나씩 둘씩 화단으로 떨어진다. 오랜만에 동그란 이슬 방울로 나를 찾아온 내 어릴 적 꿈들이 이내 사라진다. 갑자기 그런 생각이 든다. 그 물방울들이 땅으로 떨어져서 나무는 비로소 뿌리를 북돋우고 줄기를 키워 가지마다 찬란한 꽃을 가득 피우는 게 아닐까? 그리곤 생각한다. 내 꿈이 아주 헛되진 않은 것 같다고. 어쩌면 내 이번 생이 아주 망한 건 아닌 것 같기도 하다고.

어떻게 살아야 할지 계획할 겨를도 없이 나를 넘어뜨리던 힘든 일들을 견디며, 주저앉지 않으려고 나 자신을 다그치며 정신없이 살아온 시간들, 그 속에 속절없이 갇힌 나를 돌아본다. 그 상황에선 그렇게 할 수밖에 없었다는 생각 자체가 정직하지 못했던 것 같다. 내가 했던 어떤 선택들은 전혀 현명하지 못했음을 이제야 깨닫는다. 어쩌면 가장 나쁜 선택이었다는 게 더 맞는지도 모르겠다. 그럼에도 불구하고, 나는 늘 '지금 괜찮으면 괜찮은 거'라고 생각한다.

내가 색채 관련 전문 서적 두 권을 낸 후에 오경자 교수님을 만나 내 이야기를 쓰기 시작했고, 이십 년 넘어 약을 먹는데도 내 류머티즘이 여전히 온몸을 괴롭히고 있을 때 이상헌 교수님을 만나 표적치료라는 새로운 치료를 시작하면서 오랜 환자 행세를 떨치고 아무렇지도 않게 친구를 만나 식사를 할 수 있는 보통 사람이 되었다. 내가 새로운 꿈을 꿀 수 있게 해 주신 두 분 교수님께 감사드린다. 내 첫 수필집 『다른 과거를 위하여』에 수록된 「지상의 별」을 문학치료학회 논문 「정신분석학과 문학치료학의 융합가능성에 대한 고찰: 꿈 분석 실천과 서사이론을 중심으로」에 인용하며 어린 엄마를 보듬어 준 딸 김서영 교수에게도 감사한다.

2023년 11월

살리지 마세요(DNR): 지켜지지 않은 약속

올해 99세가 되는 ㅈ터 전 미국 대통령이 연명치료를 중단하고 병원에서의 적극적인 의료 조치 대신 호스피스 치료를 받기로 했다는 기사를 읽었다. 피부암이 간과 뇌로 전이되자 가족과 의료진의 지지 끝에 내린 결정이라고 한다.

내가 호스피스 자원봉사자로 일하는 병원에서 봉사자 교육을 맡았을 때였다. 봉사자 교육을 하면서 선배 팀장님이 하시던 이야기를 되풀이하고 있는 내가 너무 성의 없는 것 같아서, 어느 때는 선재 동자 이야기도 넣어서 해보고 또 언제는 우파니샤드 이야기도 해봤지만, 내 의도는 봉사의 가치나 당위성에 관한 말을 하려던 거였는데 제대로 전달되는 것 같지 않았다. 서울의 대형 병원들이 매년 또는 격년으로 하는 호스피스 봉사자 교육을 거의 다 이수하는 등 나름 열심히 공부한다고 했지만, 우리 팀의 봉사자 교육이 마음처럼 되지 않았다.

미술대학의 대학원에서 색채 강의를 하고 있을 때여서 시간을 많이 쓸 수 없던 상황이었지만 조금 무리인 줄 알면서도 수원에 있는 성 빈센트 병원에서 병원 사목을 하는 성직자나 호스피스 봉사자를 위한 '임상 사목 상담 교육'을 받기로 했다. 일주일에 봉사 하루, 교육 하루를 빼는 일정이 힘들 것 같았지만 그때만 해도 젊어서 그랬는지 해낼 수 있을 것 같았다.

상담 교육은 병원 현장에서 호스피스 사역을 하는 성직자들과 호스피스 봉사자들이 서로 상담 사례를 나누고 슈퍼바이저 신부님의 평가를 받은 후, 영적 돌봄에 관한 강의를 듣는 식으로 진행되었다. 심도 있게 진행되었던 토론은 한층 업그레이드된 봉사의 의미를 새길 수 있는 과정이었고 개인적인 성장에도 많은 도움이 되었다.

교육은 과제도 있어서 전날 밤을 새우다시피 하고 갈 때가 많았다. 서울과 수원을 오가는 출퇴근 시간대의 한 시간 넘어 걸리는 운전이 어려웠다. 저녁에 집으로 오는 길은 더 힘들었는데 그러다 교육 후반부쯤 언제 남산 2호 터널에서 사고가 날 뻔했다. 터널에 들어서고 나서 바로인 것 같았는데 경적 소리에 정신을 차렸더니 내가 직선 구간을 운전하다 졸았는지 곡선 구간이 시작되는 지점에서 뒤차와 마주 오는 차들이 경적을 울려준 모양이었다.

퇴근 시간과 겹치는 시간에 집으로 오면서 졸지 않으려고 교육이 끝나면 블랙커피 한 잔 반(두 잔은 도저히 못 마셔서)을 마시고 출발하곤 했는데, 그런 나를 저 위에서 보시고 도와주라 하셨는지 도와주시는 분도 있어서 무사히 교육과정을 끝냈다.

운전하다 졸았다고 했더니, 호스피스팀에서 오래 일해오신 모범택시 기사님이 그때가 교육이 끝날 즈음이었는데, 두어 달 동안 한두 번 빼고는 저녁에 수원까지 전철로 오셔서 나 대신 우리 집까지 운전해 주셨다. 그분은 어려운 환자들을 돕느라 동사무소도 들락거리면서 복지사가 할 일들을 다 하고 있었다. 그분의 봉사 정신이 내가 다 늦게 사회복지로 학사학위 하나를 더 받기로 결정하는 데 있어 동기부여가 되었다고 할 수 있다.

교육과정이 끝난 후에 정동 프란치스코 회관에서 열린 세미나에서 연명의료에 관한 강의를 들었다. 중환자실에서 근무하는 의사 선생님의 강의였는데, 생사의 갈림길에 있는 환자들을 돌보는 일은 늘 비상사태라 중환자실을 떠날 수 없어서 일 년에 집에 가는 날이 며칠밖에 되지 않을 정도라고 했다. 그분이 예로 든 중환자실의 환자 사례이다.

노인 부부가 의기투합하여 손잡고 병원에 가서 '사전연명의료의향서'를 냈다고 한다. 훗날 두 분 중 할아버지가 사고를 당해 숨이 멎은 상태로 응급실로 실려 가서 응급 처치를 받았는데, 그 후 중환자실로 옮겨져 생명 유지를 위한 장치들을 달았고, 활력징후(vital signs, 체온 호흡 맥박 혈압)가 살아있는 상황으로 바뀌었다고 한다. 이 때문에 사전연명의료의향서는 이미 효력이 없게 되었다는 거다. '다시 살리지 말라'는, 연명치료를 하지 않겠다는 서류를 냈던 건데 그렇게 되고 만 경우라고 했다.

  환자는 그 상태로 일 년을 더 중환자실에서 살아있는 것도 죽은 것도 아닌 상태로 있었다고 했다. 의식이 없어서 몸이 망가지는 고통을 느끼지 못하셨기를 바라지만 온몸에 하나씩 둘씩 나타나는, 차마 말로 할 수 없는 처참한 상황들은 환자에게도 가족들에게도 의료진에게도 견디기 어려운 일이라는 설명을 들었다.

  성 빈센트 병원에서 호스피스 관련 임상 사목 상담 교육을 받을 때 집으로 오는 길에 터널 구간에서 졸음운전을 하다 사고가 날 뻔했던 순간이 가끔 떠오르면 남의 일이 아니라는 생각이 들 때가 있다. 사고가 나서 환자가 의식이 없으면 구급차에서건 병원 응급실에서건 일단 심폐소생술을 해서 살려놓고 보는 게 우선일 텐데 내가 연명치료를 하지 않겠다는 결정을 주위에 알리고 서류를 제출한 상태라 하더라도 과연 그 결정이 내 의사대로 받아들여질 확률이 얼마나 될까?

  호스피스 봉사자 교육 시간에 미국의 연명치료와 관련된 영화를 본 적이 있다. 연명치료를 원하지 않는 사람들이 적극적으로 반대 의사를 표현하기 위해 가슴에 "심폐소생술 하지 마세요(Do Not Resuscitate, DNR)."라는 문신을 하고 있는 장면이 있었다. 오래 사는 이 시대가 우리에게 축복이기만 한 건지 생각해 본다.

2023년 5월

오무라 마스오 교수님을
생각합니다

　교수님께서 연세대어서 용재학술상을 받으시던 날, 막 시작한 새 치료에 적응하느라 내 상태가 불안할 때여서 시상식에 남편과 같이 가지 못했다. 교수님도 교수님이지만 사모님이나 나 또 언제 다시 볼 수 없을지도 모르는 나이라 꼭 뵙고 싶었지만 내 사정이 그랬다. 걱정하는 내가 신경 쓰였는지 시상식에 참석했던 남편이 끝나고 나오는 길이라면서 사모님께서 편찮으셔서 못 오셨다는 전화를 해 주었다. 오래전 교수님께서 한국에 와 계신 동안 고대 기숙사에서 한동안 계셨는데, 무슨 행사가 있을 때는 끝나면 교수님 부부와 우리 부부가 같이 식사를 하곤 했다. 언젠가 길상사가 되기 전 성북동의 대원각에서 식사를 한 적이 있었는데 오무라 교수님은 그 장소와 관련된 역사를 잘 알고 계셨던 것 같았다.
　30여 년 전, 남편이 와세다대학에 석 달 정도 가 있을 때였다.

그때 내가 아직 학교에 나가고 있을 때여서 같이 가 있지는 못했는데, 중간고사 때 잠시 다녀온 적이 있다. 남편이 그 대학에서 강연을 한 날, 교수님 부부와 참석자들이 같이 찍었던 기념사진이 들어있는 문학앨범을 몇 해 전에 부쳐주셨다. 와세다에 가 있는 며칠 동안 교수님 부부와 기차 여행도 하고 우에노 공원 화랑에서 열리고 있는 아키코 여사님 그림 전시회에도 갔었다.

 내가 색채 관련 일을 하면서 미술대학의 대학원에서 강의도 할 때였는데, 기억에 남는 장소는 사모님께서 일본 기모노도 한 번 보면 도움이 될 거라 하시며 데려가 주신 기모노 박물관이다. 그곳에서 한복과 달리 기모노는, 벚꽃 문양은 아무 때나 입을 수 있지만 계절이나 행사에 따라 입는 색깔이나 무늬가 따로 있다는 설명을 해 주셨다. 몇 층이나 되는 박물관을 일일이 다 안내해 주시고 색채 관련 설명과 함께 오래된 복식까지 해설을 덧붙여가며 보여주셨다. 거기서 한나절을 더 머물렀던 것 같다. 사모님께서 그림을 하셔서 그랬는지 해설을 전문가처럼 잘하셨다. 결혼식에 입는 기모노를 구경할 때 새 옷 같은 중고품이 많이 있었는데, 신부들이 새 기모노는 너무 비싸서 중고품을 많이 찾는다고 하셨지만, 그 중고품 가격이라는 게 어마어마하게 비쌌다.

 소설 『빛 속으로』가 아쿠다가와상 후보작에 올랐던 소설가 김사량(1914~1950)이 동경제대 재학 시절 살았던 집이 있는 가마쿠라에 갔을 때 유채꽃절임 한 가지를 반찬으로 찻물에 밥을 말아서 먹는 실습을 시키신 날, 저녁에는 동경 시내 큰 식당으로 우리 부부를 데려가셨다. 내가 식사가 나오기 전에 가만히 나와서 예약된 식사가 얼마인지 물어보았다. 가가쿠라 절임 점심드 특별해서 그랬는지 값이 만만찮아 보였는데 교통비도 다 교수님께서 내신 데다 저녁 식사까지 너무 비싸면 폐가 될 것 같아서였다(폐가 된다는 건 그 나라 사람들이 가장 조심하는 상황이기도 하다는, 어릴 때 아버지께 듣곤 하던 말이 생각나서였는지도). 예약된 식사가 좀 비싼 것 같아서, 내가 예약한 건 아니지만 이미 지불하신 식대를 취소하고 내가 다시 계산해도 되는지 식당 주인에게 물어보았다. 저녁 식사비용을 내고 방에 갔을 때, 한국말을 잘 하시는 오무라 교수님께서 당신이 나가서 음식값을 미리 계산했다그 하는데도 영어로 뭐라고 '쏼라쏼라' 하더니 다시 계산을 하더라고 말씀하시는 중이었다.

거기 머무는 동안 거의 매일 어딜 같이 다녔는데, 마지막 날은 교수님께서 우리 부부를 댁으로 데리고 가셨다. 오래전 일이라 잘 기억나지 않지만, 기찻길 부근이었던 것 같다. 따님과 사위 사진을 보여주시면서 사위가 이태리 사람인데, 전쟁할 때 단무지(다꽝)를 비행기에서 뿌리면 이길 수 있을 거라 했다고 해서 많이 웃었던 생각이 난다. 그게 단무지였는지 낫또였는지 확실치 않다.

한국에서 교수님 부부와 같이 한 대부분의 식사가 늘 므슨 강연이나 행사가 끝난 다음이었던 것 같은데 두 분이 다 우리말을 잘 하셔서 외국인처럼 어색하지 않고 분위기가 편안했던 생각이 난다. 사모님은 한국에 오실 때, 어릴 적 내가 소꿉장난할 때 가지고 놀던, 어머니가 '사카즈키'라 부르시던 조그만 사기로 된 술잔 같은 것들을 선물로 가져다주시곤 했다.

얼마 전, 신문에서 돌아가신 오무라 교수님께서 김우종 문학상 수상자로 선정되셨다는 기사를 읽었다. 아키코 여사님이 대신 시상식에 참석하셨는지, 여전히 앞머리를 잘라서 이마를 덮은 사진이 올라와 있었는데 건강이 좀 괜찮아지셨는지, 만나지 못했지만 다녀가실 정도였으면 웬만하셨을 테니 다행이다 싶었다.(후에 들은 바로 사모님께서 편찮으셔서 다녀가시지 못했다 함.)

  교수님, 윤동주를 사랑하는 많은 사람들이 '윤동주'라는 이름을 말할 때, 교수님을 떠올릴 거예요. 그동안 애 많이 쓰셨어요. 그곳에서 동주를 만나 행복하셨으면 좋겠습니다. 그리고 연변이든 서울이든 항상 교수님과 동행하시던 사모님, 설령 우리가 다시 만나지 못하더라도 항상 건강하시고 행복하셨으면 좋겠습니다.

내가 이 글을 쓴 지 몇 달 후, 남편 김인환 교수가 와세다대학에서 강연하던 날, 우리 부부를 댁으로 데려가 보여주셨던, 집을 가득 채우고 있던 교수님의 서가를 통째로 한국문학관에 기증하신다는 기사를 읽었다.

2023년 4월

품격 판관

　보통 행사(경선) 두 시간 전이면 상대 후보의 옷을 알 수 있다는 신기한 정보력에 감탄하며 첫 경선지인 광주로 갔다. 후보의 이미지를 맡고 나서 서울이 아닌 곳에서 열린 첫 연설이 있던 곳이 광주였다. 여성 후보와의 첫 경선에 상대방이 입을 듯한 정장의 색을 감안하여 후보의 옷을 고르고 타이 몇 개를 들고 따라갔다. 준비한 건 황색 계열의 타이 두 개와 적색 계열의 타이 두 개였다.
　여성인 상대방 후토 측에서도 우선적으로 이미지에 힘을 싣기 위해 파워가 실리는 짙은 푸른색 네이비나 붉은색 계열의 정장을 입을 수밖에 없을 터였다. 두 색의 정장 중에서 그녀가 입는 옷에 따라, 그쪽이 상생해주면 좋은 색과 이쪽이 상극하면 좋은 색, 그렇게 두 가지 색상을 염두에 두고 선택한 색들이었다. 후보의 연설이 좋았는지 첫 경선에서 이겼다.

후보 주위에 있는 사람들이 내가 유럽식의 이미지 메이킹을 하는 줄은 알고 있었겠지만 동양의 색 이론을 같이 쓰고 있는 줄 몰랐을 것이다. 인테리어 컬러 제안이나 의상관리를 할 때, 내 색채이론의 근거가 되는 요하네스 이텐(Johannes Itten)의 '주관색(Subjective Color)' 개념이나 '퍼스널 컬러' 관련 전문 지식 외에 내가 차용하는 다른 색채이론은 미국에서 활동하는 중국 출신의 색채연구가 린 윤(林允) 교수의 색 이론이다. 그는 풍수 전문가이기도 하다. 버클리대 책방에서 그의 책을 발견했을 때 동양의 오방정색과 오방간색을 상생과 상극이라는 개념을 베이스로 옷이나 인테리어에 쓸 수 있다는 사실에 전율했었다. 하지만 캠프에서 마주치는 사람들이 모두 타이 색을 추천하는 상황에서 내가 선택하는 품목들에 대해 구태여 일일이 설명할 필요까지야.

　캠프 일을 하는 동안 있었던 특별히 말하고 싶은 남들이 모르는 에피소드 같은 건 별로 없다. 행사가 있는 전날 밤에나 당일 새벽에 이미지 총괄로서의 모든 일이 끝나기 때문에 매주 참석하던 홍보팀 회의도 내게 특별한 의미는 없었다. 새벽에 내가 하는 일에 참견하기 위해 오는 몇 사람 말고는 캠프 사람들을 항상 만나는 건 아니어서 비교적 편하게 일을 하는 환경이었지만 후보와의 친분을 근거로 들어오는 의상 관련 태클이 만만치는 않았다. 이미지와 관련된 보이는 것에 대한 코멘트들은 무시하면 그만이었지만, 앞 선거에서 잠시 분석했던 후보에 대해 알고 있었는지 성향이 다른 두 진영의 후보를 같이 관리하는 건 옳지 않다며 내가 무슨 패륜이나 저지르는 사람인 양 곱지 않은 시선으로 보는 이들도 있어서, 내가 정치적인 의견이 없는 사람이라는 해명을 하기도 그래서, 어떤 사람과도 일할 수 있지만 다른 진영의 후보를 '동시에' 컨설팅하진 않는다고 말을 했던 것 같다.

내가 초록색 실크 블라우스를 입을 때, 가끔 나를 디소 짓게 만드는 기억 하나가 있다. 매일 새벽, 또는 밤늦은 시간에 다음 일정의 성격에 따라 정장, 셔츠, 타이를 세트로 두 벌 정도 추천하는데, 첫 일정이 기업인들과의 조찬 모임이었던 어느 날 새벽의 기억이다.

그분이 기업인 출신이라 기업인들과의 조찬이 부담스러운 모임이 아닌 듯해서 짙은 감색 정장과 초록색 무늬가 잔잔한 양복과 같은 색 타이를 골랐다. 그날은 좀 멋을 부려도 괜찮을 듯해서 실크 '포켓 스카프'(작은 손수건)를 초록색으로 골라 양복 윗주머니에 좀 깊이 꽂아 드렸다. 손수건 접는 법을 안 잊어버리려고 가끔 접어서 내 주머니에 꽂아 본 것 말고는 처음 써 보는 포켓 행커치프를 많이 보이면 부끄러워하실 것 같아 살짝만 보이게 했다.

주머니에 꽂힌 손수건 한 번, 내 얼굴 한 번 보시더니 잠시 웃었던 것 같다. 출발하면서 '차에 자리 있는데 같이 타고 내려가지' 하셔서 '차 가지고 왔습니다' 하며 쳐다보니 포켓에 손수건이 없었다. 나는 옷 방에서 거실을 통해 마루로 나갔는데 안방을 통해 밖으로 나오시는 사이에 손수건을 빼신 모양이었다. 그게 미안해서 평소에 안 하시던 말씀을 하신 것 같았다. '그건 도저히 안 되겠어'라고 하시는 대신. 초록색 손수건을 생각하면 멋쩍어하시던 모습이 생각나 혼자 웃는다. 옷차림도 사람도 가까이 있으려면 편해야 하는 게 맞는 것 같아서.

포켓 행커치프로 한 번 거절당했는데, 그럼에도 불구하고 나는 또 사우디 왕자와의 회담 일정이 잡혔을 때, 통역이 있겠지만 처음 만날 때 하는 아랍어 인사 정도는 알고 가시라 했다. 이미지 관리는 어쩌면 매사에 '참견'하는 일인지도 모르겠다.

라틴어 'ARBITER ELEGANTIARUM'(아르비테르 엘레간티아룸)은 로마 황제 네로의 '품격'에 관한 조언을 하는 가이우스 페트로니우스 아르비테르[1])의 '판관'이라는 직위를 말한다. 좀 다르지만 어떤 면에서 대통령 후보의 '이미지 총괄'을 맡았던 내 역할과 비슷해 보인다. 궁극적으로 이미지 관리는 '품격'을 만드는 일이니까.

로마의 정치가이며 소설가인 페트로니우스는 판관으로서, 그 자신이 갖추고 있던 미적 감각이라든가 문학, 철학 같은 학문적인 소양이 뛰어나, 황제가 자신의 취향이나 글에 관해서도 조언을 구했던 사람이다. 그가 가진 덕목은 '품격'에 대한 균형 있는 안목이 아니었을까 한다. 이미지 관리는 개인이나 기업 또는 국가의 품격을 만드는 일이다. 페트로니우스가 '품격 판관'이라는

---

1) Gaius Petronius Arbiter(A.D 20~66), 정치가이며 소설가. 문학에 조예가 깊고 미적 감각이 뛰어난 사람으로 로마 황제 네로의 '품격'을 담당하는 '판관' 장편소설 『사티리콘』의 저자기도 하다.

직책을 맡았을 때, 그는 황제의 품격, 즉 이미지 관리라는 본연의 책임을 이행하면서 황제에 대해 많은 것을 연구했을 것이다.

그가 모든 면에서 황제를 보필하는 자리에 오른 걸 보면 그 자신이 품위 있고 고상한 사람인 건 맞는 것 같지만 페트로니우스가 황제를 위해 끝까지 헌신한 것 같진 않다. 황제를 위해 다방면으로 조언을 하면서, 앞에서는 아부하고 비위를 맞추지만 뒤로는 사람을 써서 비밀을 캐는 식의 후일을 위한 '보험'을 챙기고 있었기 때문이다. 네로 수하에게 모함을 당해 궁지에 몰리자 스스로 목숨을 끊으면서 자신이 수집해 둔 황제의 비밀들을 가지고 뒤통수를 치는 걸 보면 그가 황제의 '품격'을 위해 올인 하진 않은 것 같다.

무지개의 한가운데 위치한 초록색은 우리 눈에 잘 들어오는 '긴 파장'의 빨강, 주황, 노랑 다음에 있어서 빨강처럼 빨리 눈에 들어오는 색은 아니다. 도로 위 네거리의 정지 신호는 우리 눈이 빨리 보는 긴 파장의 빨강이어야 하지만 출발 신호는 급히 달려나가면 위험해서 파란색(초록색)으로 만든 건 아닌지.

그런데 우리말도 이제 초록색은 초록색이라 하면 안 되는 걸까? 우리처럼 중국도 일본도 산을 푸르다고 한다. 일본은 미도리(초록색)라는 말이 있는데 산을 청산이라 하고 초록색 보리를 청보리라 한다. 중국도 녹색이라는 말이 있는데 초록이 가득한 산을 푸른 산이라 한다. 그 산이 다 멀리 있어 푸르게 보여서일까?

35

桃花紅雨鳥喃喃(도화홍우조남남)
繞屋靑山閒翠嵐(요옥청산한취람)

복사꽃이 붉은 비처럼 떨어지고 새들은 지저귀는데
집을 둘러싼 청산에는 푸른 이내가 한가하다[2]

숲과 자연을 함축하는 초록은 평온함, 고요함을 드러낸다. 초록색은 우리 몸의 균형을 잡는 효과가 있고 마음의 평정을 회복할 수 있게 해준다. 성장과 치유, 자신감, 신뢰 등의 긍정적인 효과를 만들 수 있다. 미국의 색채연구소 팬톤은 2013년에는 '에메랄드그린' 2017년에는 연두색에 가까운 초록색, 그리너리(Greenery)를 '올해의 색'으로 정했다.

'올리브그린'(Olive Green)은 연두색을 조금 탁하고 어둡게 만든 색으로 따뜻한 색이다. '검정을 조금 더 넣으면' 재킷이나 트렌치코트 색으로도 충분하다.

'제이드그린'(Jade Green)의 Jade는 채도가 낮은 회색에 가까운 '옥(玉)색', 그리고 녹색이 뚜렷한 보석, 비취(翡翠)로 나뉘는데, 연옥인 옥은 옅은 회녹색이고 경옥인 비취는 반투명의 담녹색 보석으로 밝은 녹색이 섞여 있다. 옥은 행운을 가져온다고 믿는 중국인들이 항상 몸 가까이에 둔다는 보석이다. '제이드그린'은 '올

---

[2] 고려시대 전기의 문인 정지상의 시 「醉後」(취후) 중에서.
『고려漢詩삼백수』 김인환, 문학과 지성사 2014, 52쪽.

리브그린'보다 푸른색이 많이 들어있는 찬색으로, 가문비나무 색 (은청색), '스프루스그린'(Spruce Green)을 흐리게 만든 색이라고 보면 된다. 살빛이 뽀얗고 눈이 부드러운 사람에게 어울린다. 올리브그린은 따뜻한 색, 스프루스그린은 찬색이다. 두 색이 다 어울리는 사람은 없다.

'에메랄드그린'(Emerald Green)은 선명한 초록색으로 '정신을 집중하게 하는 효과'가 있어서 아이들이 공부하는 책상이나 당구대, 카지노의 테이블 등에 쓰인다. 채도가 높아서 눈빛도 피부도 반짝이는 사람에게 잘 어울린다.

'에메랄드그린'의 아름다운 초록색 술 압생트는 많은 예술가를 중독자로 만든 술인데, 초기에는 높은 도수와 독한 '쑥' 성분으로 인해 애호가들의 몸과 정신에 치명적인 해를 입혔다고 한다. 설탕을 넣으면 뿌옇게 변하는데 연옥의 회녹색 같이 보이기도 한다. 압생트는 고흐, 로트렉, 피카소, 보들레르, 랭보 등 예술가들이 사랑한 술이다. 고흐는 압생트를 마시고 귀를 잘랐을까? 압생트를 많이 마시면 환각을 일으키기도 한다니까. 초록색 병에 담긴 소주도 몇이서 '아흔아홉 병'을 마시면 환각만 일으키겠는가.

눈이 피곤할 때 초록색은 눈을 쉬게 해준다. 종일 현란한 색깔에 둘러싸여 일했다면 그날 저녁 당신의 눈엔 초록이 선물일 것이다. 식탁에 초록색 식탁보를 깐다거나 욕실의 타월을 초록색 크리스마스 타월로 바꾸는 것도 눈을 위한 투자이다. 내가 초록색 크리스마스 타월을 좋아해서 우리 집은 욕실도 부엌도 사철 크리스마스다.

  나이 들면서 가장 후회되는 것 중 하나가 몸을 돌볼 여유가 없었다는 것이다. 누구처럼 마시고 죽겠다고 꼭지가 돌 때까지 독주를 들이켜며 산 건 아니어도 눈에 먼저 들어오는 빨강 노랑에 휘둘리며 살았다. 내 마음이 평정을 유지할 수 있었다면, 내 몸의 균형도 깨지지 않았을 것이다. 그렇게 내 마음의 판관이 나를 챙길 수 있었으면 좋았을 걸 그랬다. 결국 내가 내 삶을 지혜롭게 경영하지 못했다는 고백이다.

  삼백 년도 더 된 올리브나무가 초록색 잎새 위로 하얀 꽃을 가득 피웠다고 한다. 언젠가 그렇게 오래 걸려 피운 예쁜 꽃을 한 아름 안아보고 싶다.

2020년 5월

흰색의 착시현상 또는
챗GPT의 세상

　대화형 챗봇 '챗GPT'에게 내가 21주째 맞고 있는 류머티즘 자가 주사인 표적 치료에 대해 물었다. '그'는 말했다. 가장 안전한 약이라고, 그래서 부작용이 거의 없다고.
　이십 년 넘어 자가면역질환 류머티즘 때문에 많이 힘들었다. 코로나가 시작된 후, 면역억제제를 쓰는 환자들에게 질병청이 백신 접종을 독려하는 문자를 보내고 있을 때였다. 지난번 진료 때, 선생님은 스테로이드를 복용하고 있는 다른 환자가 갑자기 고관절이 부러졌다고 하면서 내게 검사에서 염증이 안 나오니 약을 끊자고 했다. 그때도 지금도 여전히 손가락 마디가 부어있어서 불편한데, 부작용을 염려해서 하는 말이라고 생각한 나는, 얼마 전에 종아리 촛대뼈(정강이뼈)가 부어오른 발목 때문인지 휜 것 같은데 혹시 스테로이드 부작용일 수 있는지 물어보았다.
　20년 가까이 류머티즘 환자들에게 처방하는 면역억제제 메토트렉세이트와 스테로이드를 처방해 온 선생님은 다리가 불편하면 정형외과나 재활의학과 진료를 받아야 한다면서 진료 의뢰를 해 줄지 말지 물었다. 약 때문일 수 있냐고 물었더니 다리를 만져보고 나서 연골이 하나도 없다고 했다. 연골이 없으면 다리가 휘는 거냐고 묻는 내게 그분은 그렇다고 대답했다. 연골이 없어서 다리가 아픈 거라면 연골은 왜 하나도 없게 된 건지, 그동안 다리가 아팠던 것도 그래서였을 수 있는지, 연골이 하나도 없는 환자에게 스테로이드를 계속 처방하는 건지 묻지 않았다. 내가 류머티즘 환자로 이십 년도 더 진료를 받고 약을 먹어왔는데 점점 더 부어오르는 손가락과 발목 진료를 받아야 하는 곳이 발목뼈가 부러졌을 때 깁스를 했던 정형외과는 아닌 것 같아서였다.

그냥 나오려다가 면역이 떨어져 있는 사람들은 코로나 백신을 서둘러 맞으라고 하는데, 면역억제제나 스테로이드를 평소처럼 먹어도 되는지 물었다. 백신 접종 전, 진료를 받고 있는 의사와 상담하라는 류머티즘 학회에서 게시한 내용이 신경 쓰여서 물었던 건데, 그분은 코로나 백신을 맞으라고 했다가 백신 맞고 죽으면 자기가 책임지냐며 화를 냈다.

집에서 십 분이면 가는 병원의 위치나 교수 가족에게 주는 진료비, 수술비에 대한 혜택보다 더 중요한 사항들을 내가 간과했던 모양이었다. 내가 영어보다 더 많이 공들인 '색채' 중에 흰색은 대단한 힘이 있는 게 확실했다.

저녁에 남편이 '다리는 어떻게 하래?' 하고 물어서 뭐라 해야 하나 하고 있는데, 류머티즘 내과에서 전화가 왔다. 다음 진료 전에 혈액 검사와 손, 발, 가슴 엑스레이 검사가 있다는 전화였다. 연골이 하나도 없어서 휘어진 거라던 다리 사진도 찍어봐야 할 텐데 엑스레이에 다리 엑스레이도 들어 있다고 말했는지 기억나지 않았지만 다시 물어볼 생각은 없었다. 간호사가 다저녁에 전화를 한 게 좀 뜻밖이었지만 염증 검사도 다시 하고, 많이 부어있는 발목 사진도 찍어야 할 것 같긴 했다.

  십 년도 더 전에 딸아이가 직장에서 건강검진을 받을 때 나도 같이 종합검진을 그 대학병원에서 받았다. 검사에서 염증 수치가 높게 나왔다며 정밀검사를 받고 류머티즘 내과에서 진료를 받아야 한다고 했다. 그 병원 류머티즘 내과 선생님은 내가 따로 받은 정밀 검사에서 류머티즘 염증 수치가 열 배도 더 높게 나왔다며 손가락의 염증이 진행이 많이 된 상태라 바로 치료하지 않으면 뼈가 손상될 수 있다고 했다. 나는 다니던 병원이 집에서 가까우니 거기서 치료하겠다고 양해를 구하고 검사 결과를 원래 다니던 대학병원의 류머티즘 내과에 가지고 갔다. 간호사는 서류를 받고 나서 대학병원끼리는 검사 결과가 호환이 안 된다며 그 쪽 병원에서 상당한 비용을 내고 만들어 온 검사 자료를 참고하지 않는다고 했다. 그때는 내가 다니던 병원 류머티즘 내과 진료에서 검사 결과를 보여주며 염증이 안 나온다고 해서 진료를 쉬고 있을 때였는데 그런 결과가 나왔다.

  다니던 병원 류머티즘 내과에서 다시 치료를 시작했지만 면역억제제와 진통소염제로는 내 손가락 염증이 잡히지 않았는지 얼마 후 내 왼손 검지의 손등 쪽 마디뼈가 2밀리 정도 녹았다. 의사는 류머티즘라는 게 '왔다 갔다 하는 거'라 단지 염증 수치만으로 판단할 수 없다고 했는데, 결국 딸아이 학교에서 하는 건강검진 결과를 보고 그쪽 대학병원 류머티즘 내과 교수님이 우려한 대로 손가락 가로 뼈에 손상이 생기고 말았다.

오래전, 처음 내게 류머티즘이라며 면역억제제와 스테로이드를 처방하기 시작했던 먼저 선생님은 폐경기 증상인 에스트로겐 문제일 수 있지 않나 하는 생각으로 검사에서 염증이 나왔는지 묻는 내게 병은 검사가 아닌 의사가 판단하는 거라며 화를 냈고, 이번 선생님은 염증이 열 배가 나왔다는 검사 결과를 들고 갔는데 류머티즘을 염증 수치만으로 판단할 수 없다며 스테로이드 처방을 하지 않았다. 얼마 되지 않아 왼손 검지의 가운데 마디뼈가 2밀리나 녹은 다음에 스테로이드를 처방받았다.

류머티즘 학회의 권고대로 담당 의사에게 문의했다가 봉변을 당하고 나서, 검사에서 염증이 안 나온다고 했지만 여전히 부어오른 손가락이 많이 아프고 불편해서 결국 다른 병원에 가서 진료를 받았다. 염증이 나오지 않는다는 검사 결과를 믿을 수 없어서였다.

다른 병원에서 찍은 엑스레이에는 내 손가락뼈가 더 많이 녹아서 마디 아래위로 너덜너덜해져 있었고 당연히 염증 수치도 높았다. 면역억제제 메토트렉세이트와 스테로이드 말고는 대안이 없는 상황에서, 그 약들로 인해 다른 환자가 덜썩하던 고관절이 부러지는 부작용이 나오는 바람에 당황해서 그랬을 수도 있겠다는 생각을 안 했던 건 아니지만, 그렇다 하더라도 손이 계속 부어있고 통증도 심한데 정형외과나 재활의학과어 가라고 하는 건 아닌 것 같았다. 그래서 다른 병원에서 다시 검사를 받은 거였다.

옮긴 병원에서는 약 종류도 양도 늘려서 그런지 머리카락이 더 많이 빠졌고, 약을 먹어내는 게 힘들었다. 그렇게 또 몇 달을 그 병원에서 주는 약을 먹어내는 게 힘들어서, 알고는 있었지만 생소한 치료여서 용기 내지 못했던, 생물학적 제제로 류머티즘을 치료하시는 교수님이 계신 병원에 갈 수 있었다. 그곳 병원에서 초음파로 본 내 양쪽 손 검지의 통증 부위는 마치 불꽃이 타오르는 모양이었다. 손가락 마디 주위에 가득한 불꽃이 염증이라는 설명을 듣는 내 심정은 참담했다.

진료실 바깥벽에 붙어있는 교수님들의 기사에 면역억제제가 30퍼센트의 환자에게는 효과가 없어서 그런 환자는 생물학적 제제 치료가 필요하다는 사실을 알게 되었다. 염증이 심해지는 동안 면역억제제와 스테로이드를 계속 올리던 생각을 하고는 온몸의 힘이 다 빠져나가는 것 같았다. 신문 기사를 거의 다 읽는 습관 탓에 이미 오래전에 알고 있었던 치료였는데, 내가 으래 앓고 있는 병과 연결시키지 못했었다. 첫 주사를 맞고 집으로 오던 날, 오랫동안 나를 힘들게 하던 척추 통증이 바로 괜찮아져서 나도 모르게 "감사합니다" 하는 기도가 말이 되어 나왔다. 면역저

43

하자여서 마스크를 벗고 밖에 나다닐 수 없어도 그것만으로도 감사하다.

처음엔 새로운 '생물학적 제제 치료'가 불안했던 게 사실이다. 혹시 모를 부작용도 걱정이었다. 첫날, 교수님께서 생물학적 제제 치료에 대해 '불난 집에 불을 끄는 거'라 말씀하시던 생각이 난다. 불난 집에 불을 끄면 내부에 있는 세간들은 괜찮을지 걱정하는 딸아이 말이 신경 쓰였지만, 다른 과로 갈지 말지 묻던 의사에게 더는 갈 수 없어서 잠시 대학병원이 아닌 개인병원에 다니던 얼마 동안, 스테로이드와 면역억제제를 늘리면서 다른 약들까지 주는 바람에 속도 불편하고 머리카락도 계속 빠져서 그런 식으로 치료를 계속할 수는 없다는 생각이 들어서 용기를 냈다. 일단은 교수님께서 처방해 주신 주사가 '가장 안전한 약이고 부작용도 거의 없다'라고 하는 챗GPT의 대답을 믿어볼 생각이다.

병원을 바꾸고 상상할 수 없었던 세상을 찾아가는 여정이 조금은 힘들었지만 오래 바꾸지 못했던 내 인생의 여러 가지 일들처럼, 그렇게 변화보다는 포기 쪽을 택하는 내 삶의 태도가 나를 더 힘들게 했을 수 있다는 '교훈'이 보상일지, 어쩌면 그보다 더 큰 의미일지. 마치 천지개벽처럼 느껴지는 ChatGPT의 세상처럼.

스테로이드는 아스피린 모르핀과 함께 신이 내린 3대 약 중 하나로 일컬어지고 있다. 콩팥 위에 있는 부신이라는 장기에서 나오는 호르몬인데, 인체에서 유발하는 사이토카인 등 물질 생성을 억제하는 기능이 있어서 관절염과 피부질환 등에 효과적이다. 하지만 1950년 이후 스테로이드제를 투여하면 환자의 통증은 좋아졌지만 관절이 망가졌고 혈당 혈압이 오르고 뼈가 약해지는 등 부작용이 심한 것으로 드러났다. 스테로이드제를 중단하면 금단 증상도 생겼다. 잘 쓰면 명약이지만 과용하면 부작용이 심한 양날의 칼이라는 점이 밝혀진 것이다.

- 조선일보 김민철 논설위원의 「양날의 칼, 스테로이드」에서 발췌

2024년

가지 않은 길

　문득, 아파트 놀이터 너머 네모반듯한 사각형 건물이 대학 시절 강의가 비는 시간에 가 있곤 하던 여학생 회관처럼 보였다. 그 순간, 나는 수십 년 전 대학 시절로 돌아가 여학생 회관의 문을 열고 들어섰다. 그 사각형 화강암 건물의 아래층 소파에서 우리는 참 많은 이야기들을 했었다. 아직 우리가 어느 길을 가게 될지 몰랐던 때였다.

　얼마 전, 연극인 양윤석이 쓴 『고려대학교 연극 백년사』를 보다가 여학생 회관에서 공연했던 살롱드라마 「틈입자」를 기억해 냈지만 내 대사가 많지 않아서였는지 드라마 내용이 생각나지 않았다. 1학년 교양학부 행사에서 우리 몇 명이 영문과 김혜련 선배에게 '스카웃' 되어 일찌감치 고대극회 동아리실로 가게 된 인연이 연극과의 조우였다. 후에 여석기 교수님의 지도로 영어연극 윌리엄인지(William Inge, 1913~1973)의 「꽃의 영광」(*Glory in the*

Flower, 1958) 무대에 강신철 선배와 남녀 주인공으로 섰다. 내가 등장하는 장면의 첫 대사를 지금도 기억한다. "Has Bus Riley been in here?" 그리그 "Stardust!"

3학년 때였는지 극회 선배가 정동 성공회 성당 기숙사로 찾아왔었다. 성당 마당 등나무 아래 벤치에서「우리동물원」의 아만다 역을 맡기려 한다는 말을 했었다. 내가 부산 출신이기도 했고 성격상 배우는 맞지 않는다는 생각을 하고 있을 때였다. 그때 내 앞에 나 있는 길들 중에 연극으로 통하는 길은 없었던 것 같다. 그럼에도 불구하고 세월이 많이 흐른 후, 나는 대학 1학년 작문 과목에 백 점을 주신 최강현 교수님께 대한 브답이라 스스로 다짐하며 '작문'을 시작했고 처음으로 쓴 글은 드라마 극본이었다.

대학 영자 신문 기자였던 내가 쉽게 연관 지을 수 있었던 다른 직업이 있었지만, 4학년 1학기에 박긍수 고수님 추천으로 화학과 교수님이 전무르 계시던 회사에 전무 영문비서 겸 수출과 직원으로 취직이 되면서 결혼할 때까지 잠시 다녔다. 회사에 여자 직원이 결혼을 하면 면직이 되는 그런 사규가 있다는 사실을 몰랐다. 대학 선배가 많았던 수출과의 차장님이 그 규정이 부당하다는 주장을 했던 것으로 들었지만, 나는 그 선배에게 너무 애쓰지 마시라 하고 순순히 회사를 나왔다. 후에 전경련 회장도 하신 전무님은 내 결혼을 말리는 대신 회사 규정을 손볼 생각은 없으신 것 같았다. 그때 내가 만약 임신을 하고 생활비가 필요했거나 절박한 사정이 있었다면, 그렇게 쉽게 회사를 그만두진 않앉을 것 같다. 이래저래 나와 연관이 있는 회사였지만, 그럼에도 불구하고, 그길로 나는 그 오래된 회사에 계속 출근 시위를 하며 투사의 길을 가게 되었을지도.

결혼 후에 아이를 낳고 나서 모교 교육대학원에서 영어교육 전공으로 교육학 석사과정을 끝냈을 때는 중고등학교 교사가 될 생각이었다. 그 후 잠시 하게 될 줄 알고 대학 두세 곳에서 교양영어 강의를 시작했는데, 남편과 연구년을 케임브리지 대학에서 보내기 위해 영국으로 떠날 때까지 몇 년 동안 계속하게 되었다. 그동안 내내 나는 대학 강사가 아닌 중고등학교 교사가 되었어야 했다는 생각을 했었던 것 같다.

케임브리지로 가게 되면서 처음에는 공부를 계속할 생각이었고 공부를 하는 동안 딸아이와 그곳에 남을 수 있겠다는 생각을 했었다. 케임브리지에서 멀지 않은 곳의 대학에서 내가 석사과정에서 공부한 영어학 책을 쓴 교수님 지도로 공부를 더 하려고 조성식 교수님께 추천서를 받아 갔다. 공부에 대한 확신이 없던 마흔이 넘은 내게 교수님은 그렇게 늦은 것도 아니라고 말씀해 주셨다.

그러나 정작 케임브리지에 도착해서 대학원 과정을 알아보고 있던 내가 만난 건 색채였다. 내가 대학생일 때는 일본과 수교 전이라 정식으로 수입한 게 아닌, 밀수로 몇 권씩 들여온 일본 화집을 사 모으느라 일본 잡지들을 파는 명동의 좁은 가판대 골목을 드나들었다. 『世界美術全集』(L'Art du Monde) 전 권을 한 권씩 다 사 모은 실력이라 내가 잘할 수 있는 일이라는 생각을 했던 것 같다.

'퍼스널 컬러'라는 '사람의 신체와 색'을 연관 지어 분석하는 새로운 패션의 트렌드를 만난 나는 영어학이라는 학문에 대해 내가 꿈꿨던 미래 대신 아버지께서 대학원 등록금으로 주신 장학금 일부를 색채 과정의 수업료로 지불하고 런던에 혼자 머물며 쉽지 않은 과정을 끝냈다.

떠날 때의 계획과 달리 세 식구가 같이 서울 집으로 돌아왔고 귀국해서는 런던 본부와 연계로 '색채 일'을 시작했다. 퍼스널 컬러를 소개하는 책을 냈고, 한국색채연구소와 미술대학의 대학원에서 색채 강의를 했다. 그 후 오랜 시간이 지날 때까지 내 선택이 옳았는지 생각해 본 적이 없었던 것 같다. 공부를 계속하겠다는 계획을 접고 다른 일을 선택한 내 결정이 내 미래에만 해당하는 일이 아니었음을 나는 세월이 많이 흐른 후에야 알게 되었다.

색채 일이 어느 정도 자리 잡을 때쯤, 혼자 돌아가신 어머니를 생각하며 시작한 호스피스는 갑상선암 수술을 받기 전까지 십 년 넘어 계속했다. 봉사자 교육을 맡고 나서는 다른 대학병원의 호스피스 교육을 거의 다 수료했다. 말기 환자를 만나 상담하는 일이 의욕만 가지고 되는 일은 아니라는 생각으로 수원 빈센트 병원의 '임상사목상담' 과정을 수료했고, 사회복지는 당시 내가 맡고 있던 강의들 때문에 시간이 여의치 않아 강의를 세 대학에서 듣고 사회복지사 자격증을 받았다.

　갑상선암 수술을 받고 나서 후유증이 커서 몇 년을 쉬던 중에 코로나가 왔고 그렇게 또 시간이 지나가고 있다. 그들은 내 부갑상선 네 개 중에 세 개가 정상이라고 수술 기록에 써 놓긴 했지만 결국 정상인 세 개의 내 부갑상선을 쓰레기통에 버렸고 나는 평생 갑상선 호르몬과 칼슘 그리고 비타민 D를 먹어야 한다.

　그동안 나는 내 몸을 공격하던 또 하나의 질병과도 싸우고 있었는데, 오래 류머티즘 진료를 받던 병원에서 갑자기 검사에 염증이 나오지 않는다며 더는 해 줄 게 없다는 의사의 말에 희미하게 보이던 길마저 사라진 듯 막막한 느낌을 받았었다. 아파도 그냥 참는다, 의사 말대로 병원을 더 이상 가지 않는다(검사에서 염증이 나오지 않는다는 그래프를 보여줬으니까), A 병원에 간다, B 병원에 간다 등, 또다시 내게 주어진 선택들 중 이번에는 내게 가장 익숙한 '그대로 참는다' 대신, 딸과 함께 용기 있는 선택을 감행했다. 그리고 또 한 번의 시행착오를 거친 후 새로운 치료를 하는 병원에 갈 수 있었다.(보통 이럴 때 "할렐루야"를 속으로라도 말하지만 내가 너무 오래 스테로이드와 메토트렉세이트를 먹는 환자라 예외일 수도 있어서 꾹 참았다.)

　새로 옮긴 병원의 검사에서 손가락 염증이 많이 심각해진 상태를 확인했고 생물학적 제제 치료라는 새로운 '표적치료'를 시작하게 되었다. 새로운 치료에 적응하느라 한동안 글을 거의 쓰지 못했다. 그동안 내가 쓴 글이라고는 '자가주사' 후에 나타나는 긍정적인 변화들에 대해 감사하며 기도처럼 쓰고 있는 표적 치료의 세세한 치료 일기가 전부다. 고마운 건 딸 서영이가 주사와 관련된 모든 것을 다 챙기고 있어서 자가주사가 그리 어렵지 않다는 거다.

  내가 택하고 걸어온 길, 그 길 위에서 많은 사람을 만나고 많은 일을 했다. 그 삶 안에서 최선을 다했다고 생각하지만, 가지 않은 길에 대한 후회나 애틋한 그리움 같은, 그런 게 없다고 우기고 싶지는 않다. 그러기엔 내가 너무 정직하기 때문이다. 어쩌면 류머티즘 치료처럼 더 일찍 바꾸지 못한 내 삶의 모든 것들이 나와 딸을 힘들게 했을 수도 있다. 그러나 지금 중요한 건 최근의 선택에서 내가 용기를 냈다는 것, 더 좋은 선택을 할 수 있었다는 게 아닐까.

2022년 12월

뒤로 가기

　새벽에 나가는 놀이터 산책이 며칠 새 조금 익숙해졌다. 남편이 뒤로 걷는 한쪽을 두고 반대쪽 길을 걸었는데 천천히 뒤로 걷는 게 어떤 건지 궁금해서 잠시 뒤로 걸어 보았다.
　별로 크지 않은 놀이터 가장자리 타원형 트랙의 직선 구간을 등나무 넝쿨이 있는 담장 바로 앞까지 갔다가 돌아서서 반대쪽으로 걷는데 오늘은 끝까지 갔다가 돌아서지 않고 그대로 서서 뒤로 걸어 본 거다.
　앞으로 걸을 때 담장 가까이 가면서 점점 좁아지던 시야가 뒤로 걷기 시작하자 조금씩 넓어지더니 마치 내가 뒤로 가고 있는 곳이 원 전체를 다 볼 수 있는 한 점인 양 그렇게 느껴졌다. 놀이터 전체가 보이는 곳에 서자 발이 그 자리에 붙어 버린 것처럼 더 움직일 수가 없었다. 내가 걸어온 곳이 이랬었구나 하는, 과거와 마주한 것 같다고 할까 그런 분위기였다. 「Back to the

Future」에서 주인공 마티 맥플라이가 과거로 돌아간 것처럼 그렇게.

　진주 시절, 좀 너른 집에 살다가 아파트로 이사하기 며칠 전에 맹장수술을 받았다. 아이와 뭘 하던 중이었는데 정확하게 어떤 일이었는지 기억나지 않지만 그러다 다리가 당기고 오른쪽 아랫배가 불편해지기 시작했던 것 같다. 맹장염이면 수술을 해야 할 것 같아서 빨래부터 한 다음에 며칠 입을 남편 옷들을 손질했다. 수술을 하게 되던 나 없이 아이와 남편이 좀 덜 불편하라고 이것저것 챙긴 다음에 아이를 데리고 병원에 가면서 남편에게 전화를 했다.

　수술 후 회복이 되기 전에 이사를 하고 내가 아직 움직일 수 없을 때, 강화에서 살던 동생 데레사가 둘째를 임신하고 산달이 얼마 남지 않은 상황에 와서 아이도 챙기고 조석도 해주었다. 제부가 강화에 있는 화천 성공회 성당에서 시무하고 있을 때였는데, 두 돌이 막 지난 큰아이 명주를 두고 와서 마냥 있을 수 없었던 터라 한 주일 정도 있다 갔던 것 같다. 동생을 보내면서 해산구완할 사람이 없으면 명주 데리고 와서 몸 풀고 가라고 말했던 것 같다.

　시간을 일부러 맞추기라도 한 것처럼 동생이 가자 바로 서울에서 어머님이 오셨다. 수술할 때 연락드리지 않았다고 걱정을 들었지만 야단치시는 것 같지는 않았다. 간단해도 마취하고 받은 수술이라 하시며 소꼬리 한 벌을 사 오셔서 몇 시간 끓여서 먹을 수 있게 해 주시고 회복될 때까지 며칠 봐주시겠다고 하시며 아이를 본가로 데리고 가셨다. 아이가 할머니 두 분한테 가서 며칠 지내는 동안, 엄마한테 가자고 보챌 때마다 '서울서 진주 가는 기차가 오늘은 없다, 내일도 없다' 하신 것 같았다. 두 분 말씀을 믿지 않았는지 진주역에서 엄마를 다시 만난 딸아이는 많이 챙겨 먹이셨는지 통통해진 얼굴로 달려와서 안기며 할머니가 기차가 고장 나서 집에 못 간다고 했다며 눈물을 뚝뚝 흘렸다.

딸아이와 식사 준비를 할 때 늘 친정어머니가 만드시던 음식 이야기를 한다. 생선 요리를 하다가, 오래전 정동성당 수녀원에 계시던 안젤라 수녀님이 부산 성당에 파견 나가 계신 동안 우리 집을 방문하셨을 때 어머니가 요리하신 도미찜을 대접 받으시고 나서 사람들에게 '그렇게 맛있는 생선 요리를 처음 맛봤다'고 하셨다는 이야기를 했다. 아마 엄마가 서른 번은 했을 도미찜 이야기를 듣고 나서, 외할머니가 계셨으면 참 좋았을 거라며 첫 외손주인 자기를 얼마나 예뻐하셨겠냐고 아쉬워하더니 딸이 내게 물었다. "외할머니가 해 주신 음식 중에 다른 건 또 생각나는 거 없어요?"

아이는 외할머니 음식 중에 내가 녹아 실이 되게 반복하는 숯불에 올린 석쇠 위에 종이를 놓고 구워내시던 '꿀같이 단 불고기' 얘기를 듣고 싶었을지 모르는데, 나는 다른 말을 했다. "진주서 엄마가 맹장수술 받았을 때 너희 할머니가 오셔서 소꼬리 곰국 끓여주고 가셨어." 내가 생각하는 것보다 말이 먼저 나왔다. 아마 어려운 시어머님이 진주라 천 리 길을 밤새 기차로 오셔서 중앙시장 정육점에서 사 오신 소꼬리 한 벌을 하루 종일 고와서 조금씩 데우기만 하면 먹을 수 있게 해주고 가신 기억이 났던 것 같았다.

  새벽에 놀이터에 나간 첫날, 초록색 칠을 한 농구공이 타원 모양의 트랙 안쪽 모래 위에 놓여 있더니 다음 날은 그 자리에 배드민턴 라켓 한 개가 모래 속에 반쯤 파묻혀 있었고 오늘은 철봉 아래 올라설 수 있게 만든 받침대가 거꾸로 뒤집힌 채 놓여 있었다. 이 세월에도 아이들은 놀이터에 나와 공놀이도 하고 배드민턴도 하다가 철봉에도 매달려 노는 모양이었다.

  한 바퀴 돌면 백 미터 정도 될까 싶은 크지 않은 어린이 놀이터에서, 등나무 넝쿨을 올린 담장 있는 데까지 앞으로 빨리 걸을 때 좁아지던 시야가, 뒤로 천천히 걸으니 점점 더 넓어져서 지나온 내 삶의 궤적들을 다 보여주는 것 같다. 놀이터 끝에 놓인 조경석들과 만나는, 뒤로 더 갈 수 없는 지점에 이르면 그곳이 내 놀이터 전체가 다 보이는 꼭짓점인 걸까.

2021년 11월

파리로 가는 길 PARIS CAN WAIT
(파리는 어디 안 가요)

　팬데믹 몇 년 전에 친구 김선희 교수와 프로방스를 다녀왔다. 면역저하자인 내가 코로나 창궐 이후 집안에 갇힌 지 벌써 삼 년여가 지난 얼마 전, 친구는 내가 준 보라색 난초 가지에 분홍색 꽃이 마디마디 곱게 피어있는 사진을 톡으로 보내왔다.

　친구와 프로방스를 여행하면서 생 크루와 호수가 보이는 언덕 위 호텔에 머물 때, 호텔 마당 가득 보라색 난초가 피어있었다. 나도 발코니 반을 그 보라색 난초로 채우고 있어서 친구와 점심식사를 하던 날, 가지 몇 개를 꺾어다 꽃꽂이 바스켓에 가지를 넣고 물을 조금 담아서 종이 타올 몇 장을 넣어서 선물했다. 친구가 초대해 준 좋은 식사에 대한 인사로, 또 프로방스를 기억한다는 말 대신 들고 간 거였다. 발코니 햇볕이 좋은지, 친구는 봄이 아닌데도 화분 속에서 풍성하게 자란 난초 가지에 분홍색 꽃을 가득 피워서 보여준다.

한동안 못 본 친구 생각을 하면서 우리가 프로방스 여행을 하면서 지나온 장소들이 등장하는 영화 「파리로 가는 길」(PARIS CAN WAIT)을 다시 보았다. 칸느에서 출발하는 영화는, 내가 꼭 보겠다고 별렀지만 다른 길로 해서 고속도로를 타고 니스로 가는 바람에 못 보고 넘어갔던 Paul Cezanne의 생 빅투아르 산을 보면서 파리로 가는 여정을 시작한다.

엑상프로방스의 보라색이 물결처럼 일렁이는 라벤더밭, 로마인들이 만든 수도교 퐁 뒤 갸르(Pont du Gard), 리옹의 뤼미에르 박물관, 직물 박물관, 수만 가지 치즈가 쌓여있는 폴 보퀴즈 시장, 성 마리아 막달레나의 유물이 있다는 베즐레이 성당, 그리고 또 빠질 수 없는 강가 언덕에 난데없이 차려진 명화 「풀밭 위의 식사」 같았던 점심 식사까지.

내 컴퓨터 화면에 깔아놓은 프로방스 여행 사진 속에서 친구와 함께 라벤더밭에 들어가 찍은 사진을 찾아보니 벌써 십 년 가까이 지나버린 그때 사진 속 우리는 지금보다는 한참 젊고 곱다. 보라색 바다 같은 라벤더밭에 들어가 사진을 찍었고, 차에서 내려 갸르 수도교를 올려다보면서 가슴에 손까지 얹고 감탄했었다. 그 장면을 몇 번쯤 다시 떠올리며 나는 「파리로 가는 길」이라는 영화 두 편이 한꺼번에 상영되고 있는 것처럼 꽃밭에서 사진을 찍고, 차에서 내려 다리를 향해 걷고 또 걸었다.

작정하고 들이대는 로맨스는 쉽게 몰입이 되지 않았지만 강 언덕의 풀밭에서 보여주던 식사와 장미꽃, 초콜릿, 좋은 음식들

그리고 와인은 가슴을 설레게 했다. 그러나 남자가 행복하냐고 묻는 장면은 처음 영화를 볼 때나 다시 보는 지금이나 여전히 당혹스럽고 불편했다. 나는 행복하지 않은 걸까.

영화에서 파리로 출발하기 전, 남편이 아내를 무시하는 듯한 언행들을 하는 모습을 옆에서 지켜본 남자는 '팬이라는 여자가 남편의 구두에 와인을 부어 마시자, 남편이 그 팬에게 롤렉스 시계를 선물로 준' 일화를 고자질한다. 여자가 그 롤렉스 시계를 자기가 선물한 건데 남편이 잃어버렸다고 했다는 장면에서 나는 기분이 좀 언짢았다. 그때 내게 누군가 영화에서처럼 행복하냐고 물었다면 나는 아마 딱히 불행하지도 않지만 그렇게 행복하지도 않다고, 사는 게 꼭 행복해야 하는 건 아니지 않냐고 말했을 것 같았다.

행복이 몸과 마음이 불편하지 않은 상태를 말하는 것임이 틀림없지만 그보다는 조금 더 나은 상태는 되어야 행복한 게 아닐까 하는 생각이 들 때도 있다. 몸도 마음도 내가 스스로 돌보는 것이지만 가끔은 밖을 보면서 행복할 때도 있지 않나? 오늘은 파리로 가는 길에서 친구와 함께했던 시간을 추억하면서 오랜만에 마음이 좋다.

최근, 보고 싶다고 톡을 보낸 친구에게 내가 류머티즘 생물학적 제제 치료를 시작했다고 답을 했다. 친구는 MIT에서 석사를 할 때 SCI 저널에 논문이 실린 학자답게 '표적 치료가 다른 세포를 건드리지 않는 큰 장점이 있다'라고 했다. '아버지 돌아가시고 삼오 때 식약처에서 만성골수성백혈병에 '글리벡'을 허가했고, 침상에 누워있던 환자들이 벌떡벌떡 일어나는 화면을 보면서 어이없던 마음이 응어리로 남았다'고 하며 류머티즘에 표적치료제가 있다니 기적이 일어날 수도 있겠다고 했다.

　명절에, 어른들 생신에, 일 년에 몇 번씩, 많게는 수십 명씩 되는 사람들이 먹는 엄청난 양의 음식들을 밤새 만들고 차려내느라 늘 끊어질 듯이 아프던 등이 나는 내가 일을 너무 많이 해서 그런 줄 알았다. 일을 많이 하긴 했다. 허리가 안 끊어진 게 이상할 정도로 힘들었으니까. 십여 년 전, 갑상선암 수술을 받고 나서, 남편이 내 건강 때문에 이제 일 년에 몇 번씩 하는 잔치를 더는 못 할 것 같다며 도와주어서, 못마땅해하시는데도 그 핑계로 수십 명 음식 잔치를 강제 면제 받았다.

　그 후에도 등은 걸을 때도 글을 쓸 때도 늘 아팠다.『수필문학』에「색채 에세이」연재를 할 때는 팔 다리를 비롯한 온몸의 뼈들이 마치 한꺼번에 들고일어나 시위를 하듯이 붓고 아파서 병원에 갔지만, 20년 가까이 다니던 류머티즘 내과에서는 검사에서 염증이 안 나왔다며 정형외과나 재활의학과로 가라고 했다. 오른쪽 가운뎃손가락이 코끼리 손가락이 되어있는데 검사에서 염증이 안 나올 수가 있었을까.

　그러나 전화위복이란 말이 있지 않나? 재활의학과를 몇 번 가다가 대학병원에서 정년을 하고 병원을 낸 류머티즘 명의라는 의사에게 가서 온몸을 찍었을 때, 내 몸이 뼈마디마다 염증인 사진들을 보면서 어이가 없었다. 너무 많은 약을 먹어내기도 힘들었지만, 손이 계속 부어서 견디기가 힘들었다. 우선 면역억제제를 얼마나 더 올릴지도 불안했고 몸도 점점 더 힘들어서 그 치료를 그만두었다. 아닌 건 아니라는 생각이 들어서였다. 그 병원에서는 그래도 염증이 없다고 하진 않았지만 몸이 더 버틸 것 같지 않아서 일 년여의 시행착오를 겪고서야 나는 생물학적 제제 치료를 하는 교수님이 계신 병원에 갈 수 있었다.

'자가 주사' 교육을 받은 후, 그 자리에서 첫 번째 주사를 복부에 맞고, 2주일 치 주사를 받아 보냉백에 넣고 집으로 올 때는 딸이 지하차도로 가는 차선을 물어보는데 대답이 잘 안 나올 정도로 불안하기도 했지만, 한편으론 기대도 커서 마음이 좀 들떠 있었던 것 같았다. 신기하게도 주사를 맞은 후 몇 시간이 지나지 않았는데, 늘 아프던 등이 편해졌다. 식구들이 기대를 많이 했던 치료여서 금세 또 아프면 실망할 거 같아서 금방 괜찮아졌다고 말하지 않다가 며칠이 지난 후에 한 시간 이상 걸어도 늘 부러질 것 같던 등이 아무렇지도 않은 것 같아서 그때야 딸에게 등이 편해졌다고 말했다.

백혈병 치료제인 '글리벡' 이야기를 할 때도 확신이 없어 하는 내게 친구는 두 김 교수들 정성으로 꼭 좋아질 거라며 표적치료가 다른 세포를 건드리지 않는 장점이 있다고 했다. '기적'이 일어날 수 있을 거라던 친구가 한 말을 몸이 좀 편해진 다음에야 딸에게 전했더니 딸은 "생물학적 제제 치료를 시작하고 나서 몸에 좋은 반응이 계속되고 있는 거면 건강해져서 여행도 하고 다시 글도 쓸 수 있을 것 같아요" 한다.

이십 년 전에 나왔다는 치료법을 나는 이십 년 동안 왜 몰랐는지 원망도 되지만, 이제라도 새로운 치료법으로 내가 다시 건강해져서 언젠가 여행도 할 수 있다면, 다시 칸으로 가서 파리로 가는 길을 영호를 따라 가 보고 싶다. 이번에는 관광버스 말고 차로, 어쩌면 그들처럼 컨버터블을 타고 천천히 좋은 음식과 와인도 있는 그런 여행을 하고 싶다. 그들처럼 성당에 들러 감사기도도 드리면서 느긋하게 오래 걸려서 파리로 가고 싶다. 언제가 될지 모르지만 그때도 파리는 어디 안 갈 테니.

2022년 11월

프리다 칼로

아침에 친구가 전화해서 말했다. "별일 없나?"

오랜만에 친구에게 전화하면 서두로 보통 '잘 지냈어?' 정도 말을 하지 않나? 별일 없는지 확인하는 걸 보면 화가 친구가 또 '무슨 안 좋은 꿈'을 꾸었거나 그런 날이다. 친구는 뜸도 들이지 않고 하고 싶은 말을 단숨에 다 한다. "내가 아는 사람이 목구멍으로 와서 목이 막혀 가지고 서울삼성병원에 가서 수술했는데 또 폐로 와서 폐를 잘라내고 폐 이식을 했어." 그러더니, 내가 속으로 '목구멍으로 와서 목을 수술하고 폐로 와서 또 폐를 잘라내고 이식을 했다는 말을 하려고 전화를 한 거면 그이가 류머티즘 환자라는 말을 하고 있나~' 하며 듣고만 있었더니, "내나('바로'와 비슷한 부산말) 니 류마티스(류머티즘) 그건데~" 한다.

수필집 마지막 교정지를 출판사에 넘기고 '정 디자인'에 맡겼던 표지도 나와서 모처럼 좀 홀가분한 마음으로 새벽에 아파트 놀이터에서 한 삼십 분 걷다 들어오는 남편을 따라 나갔었다. 오랜만에 놀이터 옆 작은 동산에 늘어서 있는 느티나무 단풍을 옆에 두고 잠시 걷다 들어와서 하루를 편안하게 시작했는데, 느닷없이 내 목구멍과 폐는 칼을 대는 대수술을 받을지도 모르는 상황에 처하고 말았다.

모처럼 기분 좋게 시작한 하루를 내가 환자라는 자각과 함께 우울 모드로 강제 전환 당한 게 억울했다. 마음이 불편해서 서성이다가 거실 양쪽 벽의 책장과 같은 방향으로 놓인 긴 소파를 발코니를 향해 옮겨 놓으면 앉아서 창 밖 단풍을 볼 수 있을 것 같다는 생각이 들었다. 괜히 힘을 빼고 나서, 거실 창이 마주 보이는 소파에 앉자 붉은 단풍이 창에 가득 들어왔다.

옮긴 소파에서의 시청 각도를 맞추느라 TV를 켰더니, 멕시코의 여류 화가, 프리다 칼로(Frida Kahlo 1907~1954)의 자화상, 「Diego and I」가 뉴욕에서 열린 소더비 경매에서 34.9 million 달러에 팔렸다는 뉴스가 나오고 있었다. 「디에고와 나」는 그녀의 많은 자화상 중 하나로, 이마에 눈을 하나 더 그려 넣어 눈이 세 개 달린 바람둥이 남편 디에고의 얼굴을 자신의 이마에 붙인 그녀가 눈물을 흘리고 있는 그림이다.

그제야 나는 친구가 한 전화를 내 뇌리에서 치울 수 있었다. 그렇다고 딱히 내 마음이 완전히 편해진 건 아니지만 더 큰 슬픔이 사소한 슬픔을 덮어버리듯 그렇게 내 병에 대한 아침 댓바람의 협박을 프리다 칼로는 별 거 아닌 사소함으로 치부해 버리라 하는 것 같았다.

　언젠가 고통 그 자체였던 그녀의 삶을 떠올리며 공포에 가까운 전이를 체험했었다. 가끔 그녀의 일생을 관통하는 끔찍한 고통을 생각하며 진저리를 칠 때도 있다. 교통사고로 몸을 관통한 쇳조각에 산산조각 난 뼈들과 수십 번의 수술을 견뎌낸 만신창이의 몸으로 그녀는 그 삶을 견디며 사람을 사랑하고 예술혼을 불태웠다.

　스무 살도 더 많은 남편, 화가 디에고 리베라를 이마에 붙이고 있는 그녀의 자화상이 라틴계 작품 중 최고의 경매가로 수백억 원에 팔렸다는 보도는 뭐랄까, 내게 마치 영세를 받고 처음 미사를 드리던 날 현기증으로 쓰러진 나를 부축해 주신 김진만 교수님이 내 얼굴을 'pale blue'라 하셨던 그때처럼 그렇게 창백한 어지러움을 느끼게 했다. 그녀가 죽기 전 마지막으로 일기에 썼다는 "이 길이 행복하기를, 그리고 다시는 돌아오지 않기를"이라는 너무 가슴 아픈 말이 생각나서였는지도.

　한동안 잊고 있던 프리다 칼로를 다시 만나 내 병에 대해 나 스스로에게도 주위 사람들에게도 얼마나 부풀리고 엄살을 하고 있었는지 돌이켜보며 반성한다. 친구가 겁준 것처럼 류머티즘이 '목구멍'(목구멍이라니! 말을 해도 무슨 사디스트도 아니고)으로도 오고 '폐로도 와서 폐를 잘라내고 이식하는' 식의 진행이 예측되는 질병이라 할지라도 최선을 다해 보살피고 견뎌낼 뿐 불안해하고 걱정한다고 달라질 건 아무것도 없지 않나.

편집진에 합류하면 좋겠다는 출판사의 제안을 선뜻 받지 못했다. 오늘, 프리다 칼로를 다시 만나 그녀의 육체적인 고통을 견뎌내는 초인적인 인내와 예술혼을 묵상하며 언젠가 또는 종국에는 내 목구멍과 폐를 공격할지 모르는 병, 류머티즘을 잠시 내 마음속에서 치워두려고 한다. 대학 시절의 영자신문 기자였을 때를 떠올리면 행복했던 기억들이 많아서 편집 일을 할 수 있을 것 같다는 생각이 들기도 한다. 아직은 내 목구멍과 폐가 견딜 만한 것 같아서다.

친구가 또 별일 없는지 확인하는 전화를 하면 어떻게 말할 건지 미리 생각하지 않으려고 한다.

세련된 폭력

금식하고 아침 일찍 병원 검사실에 갈 때는 늘 마음이 편하지 않다. 피를 뽑는데 마음이 편할 사람이 별로 없을 것 같긴 하지만, 그 이외에도 온갖 작은 일들에 신경이 쓰인다. 집을 나서면서, '이 시간에 차를 가지고 가면 돌아오는 시간쯤에 아파트에서 출근하는 차들과 마주치겠지, 그럼 반대로 들어와야 해서 그 차들을 막고 주차를 해야 할 텐데~'라는 생각도 들고, 또 걸어서 가려니 '오가는 거리가 그다지 멀지는 않지만 내 발목 상태로는 삼십 분 정도 걷게 되는, 오고 가는 길이 무리일 텐데'하는 걱정도 된다.

병원에 가서도 채혈 순서가 가까워지면 한 번에 혈관을 찾는 아는 간호사 자리에 가기를 바라면서 조바심을 한다. 한두 번 혈관을 터뜨린 간호사나 낯이 익지 않은 새로 온 듯한 간호사 앞에 앉게 되면 가슴이 두근대기 시작한다. "혈관이 깊이 있어서"

또는 "가늘어서"라 하여 두 번 세 번 찌르기도 하고 팔을 바꿔 찌를 때도 있어서 채혈할 때는 늘 공포에 질린다.

결국 굵은 바늘 대신 '버터플라이' 바늘로 다시 찌르기도 하는 걸 보면 혈관이 가늘다는 말이 맞는 것 같기도 하다. 나비 바늘로 손등이나 손목에서 피를 뽑기도 하는데 내 왼쪽 손등의 혈관들은 입원했을 때 혈관주사를 놓거나 채혈을 하면서 많이 터뜨려서 그런지 거의 보이지 않거나 실낱같이 가늘어져 있다.

이번에는 여기에 더하여, 지난번 검사 때와 달리 검사실 접수 순서가 달라져 있어서 당황했다. 데스크를 옮긴 건가 하고 두리번거리다가 바로 옆 데스크에 앉아 있던 간호사들이 보이지 않고 터치스크린에서 뽑은 순서지에 '채혈 번호'라 적혀있으니 바로 채혈을 하라는 건가 하면서 전광판이 보이는 자리에 가 앉았다.

원래는 검사실 입구의 터치스크린 옆에 봉사자가 있어서 서툴거나 처음 검사를 받으러 온 환자들에게 진료카드나 신분증으로 번호표를 뽑아주었고 그 순서대로 바로 옆 데스크에 가면 간호사가 진료과 검사인지 다른 과 검사도 있는지 확인한 다음, 채혈 순서가 적힌 종이를 다시 주는 식이었다.

일곱 시 좀 지나서 검사실에 도착했지만 이미 와서 기다리는 환자들이 이제 막 채혈을 시작하고 있어서 내 번호까지는 시간이 걸릴 것 같았다. 여덟 시에 오면 금식하고 하는 검사가 대부분인 환자들이 좀 빠진 다음이라 덜 기다리는 줄 알면서 나는 늘 어중간하게 일찍 온다.

　전광판을 보면서 차례를 기다리고 있는데 나보다 몇 살 아래로 보이는 이가 들어와서 터치스크린 앞에서 주위를 두리번거린다. 접수를 도와주던 도우미를 찾는지 그분은 연신 여기저기를 둘러본다. 검사를 처음 하거나 그 전에 왔을 때 봉사자가 접수를 도와주었던 것 같았다. 병원카드를 손에 들고 시간을 끌자 뒷사람이 도와주려고 카드를 달라고 했다. 봉사자가 아닌 사람이 진료카드를 달라고 해서 그런지 그 환자는 잠시 망설였다.

　다른 사람이 도와주어서 진료카드를 대고 번호표를 뽑는 것까지는 했는데, 그분은 이전의 '간호사 순서'가 빠지는 바람에 계속 당황하는 모습이었다. 전광판에 채혈 번호가 뜨면 채혈대로 가면 된다고 열 명은 되는 사람이 말을 했지만, 채혈번호가 적힌 종이를 들고 계속 간호사를 찾는 것 같았다. 시스템이 변경된 후에도 한동안 도와주는 사람이 있거나 터치스크린 옆에 그 부분에 대한 안내문을 붙이는 정도 배려를 할 수는 없었나 싶었다.

　처음에 딱하다는 생각을 했던 것과 달리 쳐다보고 있는 사람들의 시선이 그분이 쩔쩔매는 데 한몫을 하고 있다는 생각이 들어 미안하기 시작했다.

　뭐든지 금방 알아채는 사람들, 차려입고 무슨 일이 일어나도 당황하지 않는, 얼굴에 당당함이 배어 있는 사람들 사이, 낯선 곳에 서게 되면 그렇지 않은 사람이 느끼는 불편함은 어쩌면 흔한 폭력일지 모른다는 생각이 들었다. 의도하든 아니든 그런 사람들이 가하는 유형무형의 폭력이 우리가 상상할 수 없는 곳에서 행해지고 있는지도 모른다는 내 생각이 너무 나간 것 같긴 했다.

낯선 곳에, 말이 잘 통하지 않는 곳이라면 더더구나 누구든 처할 수 있는 상황인데, 나는 왜 난데없이 지금보다 더 나이 든 내가 어느 먼 나라의 낯선 거리에 홀로 망연자실 서 있는 것처럼 그렇게 느껴지는 걸까. 계속 두리번거리는 불안한 눈빛의 그이 걱정에 내 팔의 혈관을 또 터뜨릴지도 모를 채혈 공포를 잠시 잊고 있었다.

채혈하는 자리에 앉기 전까지는 그분이 번호를 제대로 찾아가야 할 텐데 하다가, 막상 한 번 만에 채혈에 성공한 간호사에게 감사하다고 말하고 반창고 위에 손가락을 대고 병원 밖으로 나가면서는 더 이상 검사실 풍경은 내 머릿속에 없었다. 어중간하게 배우고 어중간한 믿음으로 봉사하러 다니는 나는 제대로 살고 있는 건가?

2021년 5월

곰 네 마리

TV에서 곰 몇 마리가 차가 다니는 이면도로를 건너는 위험한 장면을 본 적이 있다. 한 마리가 뒤처지자 엄마 곰인지 아빠 곰인지 덩치가 큰 곰이 새끼 곰을 밀어 재촉하면서 길을 건너고 있었다. 눈이 빠른 운전자가 있었는지 비상등을 켜고 멈추어 서자 다른 차들도 다 멈추어 곰 가족이 지나가기를 기다려 주었다.

어린 시절, 내가 대여섯 살은 되었을 때쯤이었던 것 같다. 퇴근하신 아버지께서 저녁을 드신 후 자리에 누우시면 나는 늘 아버지 다리를 밟아드렸다. 오래전 전쟁에서 포탄을 맞아 다치셔서 비가 올 때는 다리가 아프다고 하셨다. 다리를 밟고 있는 동안 아버지는 "화야, 아버지 다리 밟는 동안에 또 수수께끼 풀래?"라고 하셨다. 키 큰 아버지께서 방문 쪽으로 머리를 두고 누우시면 발이 거의 어머니 자개장에 닿을 정도였다. 다리에 올라설 때만 나는 한 손으로 아버지가 누우신 옆 벽을 짚고 올라섰다. 한쪽

다리에 한 발씩 올라서서 무릎 아래 종아리를 밟아드리곤 했는데, 지금 생각해도 내가 아버지 양쪽 다리 위에 한 발씩 올려놓고 어떻게 균형을 잡으면서 다리를 밟아드렸는지 궁금하다. 아버지가 내신 수수께끼 중에 기억에 남아있는 수수께끼가 있다.

  엄마 곰이 아기 곰 네 마리를 데리고 강을 건너기 위해 강기슭에 도착했다. 그중 한 마리는 아파서 항상 엄마 곰이 업거나 안고 다녔는데, 문제는 강을 건널 때는 아기 곰을 한 마리씩만 데리고 건널 수 있다는 거였다. 어쩌다 새끼들만 두고 어미가 없을 때면 성한 새끼들이 아픈 새끼를 물어뜯거나 해코지를 할 때도 있어서 아기 곰들을 강 건너편으로 옮기는 순서가 문제였다. 그래서 엄마 곰이 먹이를 구하러 갈 때면 건강한 새끼 두 마리를 데리고 가면서 성한 새끼 한 마리와 아픈 새끼를 두고 다녔다. 그건 엄마 곰이 옆에 없을 때, 성한 새끼 한 마리가 아픈 새끼와 있을 때는 아픈 형제를 해치지 않기 때문이었다. 엄마 곰이 어떻게 하면 그 아픈 곰을 다른 형제들이 물어뜯거나 잡아먹지 못하게 하면서 새끼들을 다 강 건너로 데려갈 수 있는지가 수수께끼 문제였다.

  바로 답을 알아낸 너게 아버지께서 주신 상이 뭐였는지 기억나지 않는다. 아버지는 자식이 모두 여섯이었는데 셋은 우리 어머니가 낳으셨고 셋은 내 나이랑 비슷한 마지막 첩이 낳은 아이들이었다. 다른 첩들이나 일하는 언니들, 초등학교 때 친구 고모까지도 아이를 낳은 사람은 없었다.

그녀는 먼저 딸을 낳고 나중에 아들, 딸 쌍둥이를 한배 더 낳았다. 큰아이를 낳았을 때, 어머니께서 그녀에게 아이는 당신이 친자식처럼 키울 테니 친정으로 가든지 그냥 부산서 살겠다고 하면 거처도 마련해줄 테니 새 출발 하라며 사정하시는 말씀을 밖에서 들었다. 내가 서울에서 대학에 다니고 있었고 음대 입시를 준비하는 동생이 교수님께 성악 레슨을 받느라 서울에 와 있어서 비어있는 아래채를 그녀가 차지하고 있던 터였다.

　방학에 내가 부산집에 잠시 가 있을 때였다. 어머니께서는 어린 그녀가 아이를 맡기고 새 출발 하기를 진심으로 바라시는 것 같았다. 그녀는 아버지가 본채에 좀 오래 머물다 내려가시면 안에서 문을 잠그고 아버지를 한참씩 밖에 세워 두곤 했다. 그때 그녀가 낳은 딸아이는 낮에 종일 낮잠을 자는 제 엄마 대신 우리 어머니와 놀고 밤에는 본채에서 어머니 품에 안겨 잠을 잤다.

　그동안 우리 집에서 살다 간 열 명은 더 되었을 듯한 첩들과 식모 언니들을 옷 보따리 속에 돈도 넣어서 집으로 보내곤 하시던 어머니셨는데, 아버지를 제압하고 주인 행세를 하는 어린 첩한테는 아무것도 통하지 않았던 것 같다. 자식 같은 어린 첩이 집안을 온통 지옥으로 만들고 있는 그 상황을 도저히 참을 수 없었는지 어머니는 그녀가 또 아이를 가지자 세상에서 가장 어리석은 선택을 하셨다.

　학교로 돌아올 때, 나는 어머니께 서울로 이사해서 대학에 다니는 우리 둘과 늦게 낳은 막내까지 네 식구가 아버지 없이 살

자고 했었다. 내 제안에 동의하셨고, 정말 그렇게 하실 것 같았다. 학교로 돌아오면서 나는 오래 사시던 집인데 정리하시는 게 쉽지 않으실 거라는 생각을 하긴 했다. 그랬던 어머니가 하신 건 우리가 계획했던 시나리오 속 어디에도 없던 가장 나쁜 선택이었다. 모멸감이라는 말이 자꾸 떠올랐다. 살인이라는 말도.

후에, 어머니께서 바로 내놓기로 했던 집도, 산도, 가지고 계시던 패물이며 현금들까지도 다 차지한 그녀는 내가 기숙사로 온 연락을 받고 급히 집으로 가는 그 짧은 동안에 어머니 장 속에서 털코트를 꺼내 갔다. 엉엉 우는 내게 아버지는 시골 학교 교장 사모가 여러 아이 키우면서 언제 그런 좋은 옷을 입어봤겠냐며 자식들 키우느라 다 떨어진 옷만 입던 자기 엄마 생각이 나서 효심에서 한 일이니 엄마가 이미 안 계신데 너무 속상해하지 말고 모르는 척하라그 했다.

재산이 다 넘어간 건 후에 알았다. 어머니 앞으로 되어있던 집도 산도 고모가 살고 있던 집까지도 얼마나 급하게 그 재산들을 다 옮겨 놓느라 난리를 했는지 짐작이 되는 웃기는 일도 있었다. 돈을 얼마를 받고 그런 짓을 했는지 알고 싶지도 않지만 그 모든 도둑질에 날개를 달아준 구청인지 어딘지 관련 공무원은 빨리 해치우라며 돈다발 들이대는 성화에 얼마나 정신이 없었는지 큰딸인 내가 원본 서류에서 아예 사라져 버리는 해프닝도 있었다. 아버지는 당신을 제일 많이 닮았다며 자랑하던 장녀를 아예 낳은 적이 없는 존재로 만들어 놓은 사실을 알고 있었을까.

급해서 또 무슨 짓을 했는지 그녀는 다시 살려낸 내 앞으로 집 앞 텃밭 한 뼘이 상속되는 서류를 만들어 놓았었다. 아버지는 그녀가 하루도 빠지지 않고 철야 기도를 하러 다닌다는 교회 사람인지 그녀가 어디서 데려온 사람으로 보이는 법무사인지와 같이 우리 집이 아닌 서울역 부근에 숙소를 잡고 내게 인감을 가지고 오라고 연락을 했다. 그렇게 돈을 쓰고 사기를 쳐도 결국은 내 동의가 필요했던 것 같았다. 아버지는 내가 방에 들어서자 바쁜 사람들을 번거롭게 했다며 사과인지 사죄를 늘어놓으시더니 인감도장을 찍어달라며 서류들을 내밀었다.

나는 잠시 서류를 들여다보면서 속으로 말했다. '전장에서 살아남아 저를 낳아주시고, 아플 때는 그 넓은 등에 밤새 업어주시던 아버지, 백일해 끝에 걸핏하면 숨이 가는 어린 딸을 지극정성으로 보살피셔서 기어이 살려주신 아버지, 약한 딸을 위해 초등학교 내내 학교가 끝나는 시간에 데리러 나오시던 아버지, 고등학교 시절, 수업이 끝나는 시간에 맞추어 경남여고 교문 앞에서 기다리시다 야구장에 데려가곤 하시던 아버지, 이대 영문과에 들어가서 학보사 기자가 되고 졸업하면 동아일보 기자가 되는 것이 소원이라 하시던 아버지, 여학생에게 수학 대신 가정 과목 시험을 치를 수 있게 해 준 고대 영문과에 2등으로 합격했을 때, 수학 과외 다니느라 괜한 고생을 했다며 기뻐하시던 아버지.' 나는 학보사 기자가 되기를 원하신 아버지 생각을 하며 고대 영자신문사, The Granite Tower 기자가 되었었다. 나는 제대로 읽지도 않은 서류에 인감도장을 찍어 드리며 마음속으로 말했다. "아버지, 감사했습니다." 아버지께서는 내가 서류를 다 읽고 도장을 찍었다고 생각하시는 것 같았다. 집에 오는 동안에도 집에 와서도 아무 말 없는 내게 남편이 말했다. "잘했어."

새끼가 많다 보니 다 데리고 그 너른 강물을 건널 수가 없어서 당신은 차라리 본처 소생인 우리 셋을 모두 버리신 걸까? 아니면 하룻밤도 빠지지 않고 교회에 가서 새벽까지 목사와 함께 교회 기도실에서, 또 어떤 날은 목사와 산에 올라 바위 위에서 '철야 기도'를 한다는 그녀가 아버지의 '아픈 곰 새끼'여서 어떤 식으로든 어린 첩을 살리는 게 옳다고 생각하셨건 걸까?

수수께끼의 전제는 아픈 새끼와 성한 새끼가 1:1일 때는 안전하지만 성한 새끼가 둘만 되면 아픈 새끼를 잡아먹는다는 것이었다. 내가 생각한 문제의 해법은 간단했다. 엄마 곰이 아픈 새끼를 먼저 옮겨 놓고, 다시 돌아와서 성한 새끼 한 마리를 데리고 가서 아픈 새끼와 함께 두고 돌아온다. 또 성한 새끼 한 마리를 더 데리고 강을 건너간다. 성한 새끼가 둘이니 이번에는 아픈 새끼를 도로 강 이편으로 데려다 놓는다. 아픈 새끼를 혼자 두고 남아있는 성한 새끼 한 마리를 마저 강 건너편으로 데려다 놓은 다음, 어미 곰은 혼자 다시 강을 건너 강의 이편에 데려다 놓은 아픈 새끼를 그제야 데려가는 순서였다. 어머니는 이 쉬운 문제를 왜 못 푸셨을까? 오늘, 2024년 2월 16일은 음력으로 정월 초이레, 아버지 생신이다.

2024년 2월

2

세상에서 가장 소중한 소금 한 알

딤섬(點心)

　대여섯 살이나 되어 보이는 금발 머리 남자아이가 의자에서 일어서며 "꺅~" 하고 환성을 지른다. "I love Sundays." 아이는 엄마 한 번 쳐다보고, 종업원이 밀고 다니는 카트 위, 두 칸으로 된 딤섬 트레이 한 번 쳐다보고를 반복한다. 일요일 점심시간이었다. 가끔 가는 중국 식당에서 테이블 사이로 여러 종류의 딤섬이 가득 담긴 카트를 밀고 다니는 종업원이 우리 옆으로 지나가고 있을 때, 바로 옆자리에 앉아 있던 아이의 가족이 카트를 세웠다.
　이름이 같은 중국 음식점이 한국에도 있다는 내 말에 딸아이가 거기서도 일요일에 딤섬을 먹을 수 있는지 물었다. 서울에서 그 중국집에 가면 일요일에 딤섬을 가득 담은 트레이에서 예쁜 딤섬을 고를 수 있을 거라 생각하는 것 같았다.
　영국에서는 밖에서 아이들이 할 말은 하면서도 심하게 떼를 쓰는 일은 거의 볼 수 없는 것 같았다. 그래서 어쩌다 그런 모습이 눈에 띄면 이상해 보였다. 어느 날은 한 아이가 동네 가게에서 과자를 집었다가 엄마가 내려놓으라고 하자 소리를 지르며 손에 쥔 과자를 더욱 움켜쥐었다. 무서운 얼굴로 아이를 바라보며 몇 번 내려놓으라고 말하던 아이 엄마는 여지없이 아이 뺨을 때렸다. 아이는 눈물을 뚝뚝 흘리면서 얼른 과자를 내려놓고 엄마를 따라 밖으로 나갔다.

 남편이 일 년 동안 가 있던 케임브리지 대학에서, 얼마 전까지 중학교 선생님이였다는 그 대학의 교수님 부인이 다양한 나라에서 온 '방문 교수'들의 배우자들에게 매 주일 하루씩 시간을 내어 그곳에서의 일상 이야기들을 나누고 영어도 고쳐주는 봉사를 하고 있었다. 가끔은 몇 명이 의기투합해서 캠강이 내려다보이는 University Centre(Center)에서 식사를 할 때도 있었다. 선생님은 수업(모임)에 빠질 때, 우리가 뽑은 반장에게 미리 연락을 해주셨지만, 우리는 학점을 따거나 하는 게 아니어서 시간이 있는 사람은 참석하고, 일이 있는 사람은 빠져도 되는 그런 모임이었다. 우리가 그곳으로 간 지 얼마 되지 않았을 때, 한국에서 우리보다 한 학기 먼저 온 분이 그런 이야기를 했다. 공공장소에서 떼를 쓰거나 큰 소리로 난리를 치는 아이들은 대부분이 인도 아이들이거나 한국 아이들이라는 거였다.

 아이가 원하는 대로 다 들어주는 부모와 아이가 원하는 모든 것에 토를 달면서 들어주거나 들어주지 않는 부모, 그리고 들어주고 싶어도 들어줄 수 없는 부모가 있는 것 같다. 옷도 신발도

장난감도 꼭 그걸 사 달라고 떼를 쓴 적이 별로 없는 딸에게 우리는 어떤 부모였을까? 아이는 어릴 때, 과자를 사러 가서도 '짱구' 한 개나 '뽀빠이' 한 개를 집으면 그만이었다. 생일이나 명절에 몇 개 더 고르라고 하면 한참 걸려 가게를 한 바퀴 돌고 나서 '종합선물세트'인지를 가리켰다. 그렇게 들고 온 과자들 중 정작 상자를 안고 온 아이는 짱구만 먹고 손도 대지 않는 과자 한 박스를 어른들, 주로 아빠가 다 먹었다.

어머니가 안 계신 친정에 가서 아기를 낳고 주말에 두 번 다녀간 남편이 삼칠일이 되던 날 와서 어머님이 아이를 데리고 집으로 오라고 하신다며 가자고 했다. 아버지께서는 출산 때 고생을 많이 해서 아직 걸을 때도 다리가 후들거리는데, 좀 더 있다가 가면 좋겠다고 하셨지만 그럴 수 없었.

첫아이는 친정에서 낳는 거라는 말씀을 열 번씩 하시는 어머님 눈치가 보여 아직 산달이 두어 달 남은 시점이었지만 부산 친정으로 갔다. 해산구완을 못하시겠다는 말씀인가 보다 하며 친정어머니가 안 계신 아버지 집으로 간 거였다. 임신 8개월이 다 된 무거운 몸으로 부산행 기차를 타고 집으로 가면서 속상해서 조금 울었던 것 같다. 아버지는 조심해서 내려오라고 하시며 부산역에 도착해서 짐 들고 내리지 말고 자리에서 기다리라 하셨다. 사람들이 거의 다 내리고 나서 내가 엉거주춤 일어서는데 객실을 빨리도 찾아오신 아버지께서 짐을 들고 나가시면서 "집에 가자~" 하셨다.

어린 동생들이 있는 친정에서 지내는 동안, 온 식구가 나한테 신경을 쓰는 게 부담스러웠다. 어머니 집이 비어있고 돌아가시기 전에 사둔 뒷집에 고모가 살고 있어서 아버지께 집에 가서 좀 있고 싶다고 말씀드렸다. 사람들이 철둑 너머 102층이라 부르던 우리 집에 가서는 어릴 때처럼 대문을 활짝 열어 놓고, 종일 마루에 앉아서 지나가는 기차를 바라보거나 몇 시간씩 잠을 잤다.

가끔 아래채 자리에 지은 이층에도 천천히 계단을 올라가 해가 질 때까지 쪽마루에 가만히 앉아 있었다. 낙향인 본채와 직각이 되게 지은 102층 서향 마루에서 오랜만에 철둑 너머로 너른 김해평야를 오래 보며 울기도 했다. 멀리 들판이 끝나는 곳에 가로로 길게 놓인 강 위로 서쪽 하늘 전체를 붉게 물들이는 저녁 노을이 다 스러질 때까지 앉아 있을 때도 있었다.

산달이 가까워지면서 토요일이면 숙제 챙겨 들고 아버지를 따라오던 막냇동생 신영이가 방학을 하자 아예 어머니 집으로 와서 책도 읽고 만삭 가까운 큰언니 산책도 자기가 책임진다면서 신나 했는데, 먹는 것 때문에 안 되겠다는 아버지 말씀에 다시 아버지 집으로 가서 출산을 기다렸다. 운동은 안 하면서 아버지와 겸상으로 차려주는 밥상에서 이것저것 먹으라며 채근하시는 대로 먹다 보니 아기를 좀 키웠는지 출산 때 열두 시간 진통을 하고 나서 결국은 몸에 칼을 댔다. 어머니 막내인 초등학생 신영과 어린 세 남매까지 내가 쉬는 방으로 몰려와서는 번갈아 내 배를 살살 쓰다듬으면서 아가한테 주는 거라며 쉴 새 없이 뭘 가져다 먹이는 통에 군것질까지 해서였던 모양이었다.

일요일에 중국 식당에서 딤섬 몇 개씩을 우리 접시에 담고 나서 아이가 딤섬이 무슨 말인지 물었다. 딤섬이 점심이라는 아빠 말에 '그럼 점심을 중국 사람들은 딤섬이라 하는구나~' 하며 '점심, 딤섬' 하며 한 번 더 조그맣게 연습해 보더니, 중국 사람들은 점심으로 밥 대신 만두를 먹는지 궁금해했다. 꼭 점심은 아니고 점심처럼 간단한 식사를 말한다면서 남편은 무려 한 시간(그보다는 짧았는지도) 가까이 딤섬, 즉 점심(한자로 '점'을 찍는다 할 때 '점(點)'과 마음의 한자어 '심(心)')에 대해 강의를 시작했다.

그 시간이 너무 오래 걸리자, 아이가 접시에서 식고 있는 딤섬을 한 번 쳐다보고 다시 아빠 강의에 집중하는 모습이 좀 안쓰러웠다. 딤섬이 다 식은 것 같아 다른 메뉴를 하나 더 시킨 내가 "음식 식는데 먹고 하면 안 돼?" 했더니 그제야 '강의'가 끝났다. 다 식은 딤섬인지 점심인지와 따로 주문한 다른 음식까지 아직 손도 대지 않았는데, 식당 점심시간이 얼추 끝나가고 있었다. 나는 앞접시에 음식을 덜어와서 빨간색이 선명한 작은 유리병에 담긴 고추기름으로 다 식은 딤섬 위에 하트를 그리면서 아이에게 말했다. "집에 갈 때 고추기름 하나 사 갈까?"

내가 기억하는 그날, 딤섬이 나왔던 점심 강의 내용이다.

금강경 해설서를 쓴 덕산 스님이 금강경을 가르치러 용담사로 가는 길에 출출하여 절 입구 노점에서 할머니에게 점심을 시켰다. 할머니가 스님에게 들고 있는 게 무어냐고 물었다. 스님이 '금강경'이라 대답하자, 할머니가 다시 물었다. '금강경에 과거의 마음도 얻을 수 없고, 현재의 마음도 얻을 수 없고, 미래의 마음도 얻을 수 없다고 했는데, 어느 마음에 점(점심)을 찍으시렵니까?' 하고 묻자 대답을 못 한 스님은 책을 버리고 선 수행을 시작했다고 한다. 딤섬(點心)은 마음에 점을 찍는다는 뜻으로 간단한 식사를 말한다.

원하지 않았던 공부를 하면서 힘든 시간을 보낸 아이는 얼마 전, 자신의 삶 전체가 가짜인 것 같다고 말했다. 딸이 언젠가 자기 마음에 예쁜 점 하나를 찍는 날이 왔으면 좋겠다.

2024년 9월

최현배 선생의 우리말본, 양주동 선생의 고가연구, 그리고 그다음 책(세 번째 책)

남편이 처음 큰 상을 받을 때였다. 행사장에 도착해서 원래 내가 좋아하는 객석 중간쯤 통로 쪽 자리에 앉으려고 했더니 수상자만 앞에 앉는 게 아니라 배우자도 같이 앞에 나가 앉아야 한다고 했다. 안내하는 이가 사모님도 같이 나가 앉아야 한다고 했을 때, 나는 엉뚱하게 그럼 내가 상을 받으면 남편이 같이 나가 앞에 앉는 건가 하는 생각을 했던 것 같다. 제자였는지 주최 측 사람이었는지 앞자리로 안내하는 젊은 사람에게 내가 심계항진이 심해서 절대로 안 된다고 버텼지만, 결국은 앞자리에 끌려가 앉았다.

시상식장을 가득 채운 손님들 상당수가 제자들이었지만 축하해주기 위해 오신 분들도 많아서 남편이 인사를 다 시키지도 못했다. 처음에 남편은 손사래 치는 나를 두고 앞자리에 가 앉았다. 그냥 편한 자리에 앉겠다는 내 주장이 남편에게는 통했는데,

결국은 남편 옆으로 이끌려 나가 앉게 된 거다.

　시상식이 시작되고 대표되시는 분의 시상식 관련 말씀과 축하 말씀이 끝나자 곧바로 남편 차례가 되었는지 남편이 앞으로 나갔다, 국문과 교수가 달은 잘하겠지 하면서 쳐다보고 있는데 수상 소감을 조곤조곤 말하기 시작했다.

　그런데 이 양반이 조기 시상식 인사말을 난데없이 '최현배 선생의 우리말본, 그리고 양주동 선생의 고가 연구'를 언급하면서 시작했다. 그다음에 한 말이 '아직 그 두 분만 한 학자가 안 나왔는데~'라 했는지 '세 번째 책이 아직 안 나왔는데~'라 했는지 확실치 않지만 어쨌든 내가 그 말을 듣는 순간 온몸이 얼어붙는 것 같았다. 술을 많이 가시긴 했지만, 설마 "그 세 번째 책이 이제~" 할 때부터 놀라 숨이 잘 쉬어지지 않았다. '세 번째 책'이라니!

　남편이 무슨 말을 하는지 들리지도 않았다. 단지 내가 무슨 수를 써서라도 그놈의 술을 덜 마시게 했어야 했는데, 꼭지가 돌아 들어올 때마다 악다구니를 안 하고는 기분 좋게 쉬다 왔을 텐데 좋은 게 좋은 거라 하며 받아준 내가 원망스러울 뿐 아무 말도 들리지 않았다. 술 마신다고 뭐라 할 때마다 집에 들어오면 또 공부해야 하고 눈드 아파서 술 마시는 동안 쉬는 거라는 말에 넘어가 준 내 탓이라는 때늦은 후회를 했다.

　앞에서 무슨 일이 벌어지고 있는지, 어떻게 되어가고 있는지와 상관없이 "이제 결국은 술 때문에 패가망신, 아니 '패가'까지는 아니더라도 상 받으러 왔다가 망신당하고 끝나는구나~"까지 생각이 미치자, 시간이 얼마나 지났는지 나라도 먼저 빠져나가야겠다는 생각에 엉거주춤 일어서려는데, 남편이 내 어깨를 잡으며 "이거 당신이 가지고 있을래?" 하며 선생님들께 인사드릴 때 불편하다며 상패와 꽃다발 한 아름을 내게 안겨주었다. 꽃다발이 많아서 악수할 때 걸려대서라 했던 것 같다.

진주에 있는 국립대학에 전임이 되어 갔을 때, 과에는 술 좋아하시는 교수님들이 안 계셨는지 나이가 제일 어려서 술타령할 처지가 아니어서 그랬는지, 이병주 선생의 외아드님인 일문과 이권기 교수와 잘 어울렸었다. 그때만 해도 통행금지가 있었는데 둘이서 산토리 한 병을 나눠 마시며 뒷골목으로만 해서 집까지 왔다며 개선장군처럼 의기양양해서 들어오기도 했다.

어느 날 새벽에는 순찰하다 발견했다며 경찰인지 야경 도는 분들인지 두 분이 이승인지 저승인지 모르는 사람을 엘리베이터 없는 5층까지 데리고, 아니 끌고 올라온 적이 있다. 오느라 얼마나 고생들을 했는지 술에 취한 사람이나 안 취한 사람들이나 몰골들이 말이 아니었다. 나는 연신 "고생하셨습니다"를 반복하며 지갑을 들고 나가 지갑 속에 있는 돈을 다 털어드리면서 더 있으면 더 드릴 텐데 그것밖에 없다고 했다.

지갑을 다 털어주는 내게 한 분이 도대체 뭐 하는 분이냐고 물었다. 나는 대답 대신 어디서 만났냐고 했더니 "'봉알자리' 나무 밑에서 책을 베고 드러누워서 주무시는데 아무리 깨워도 아주 인사불성이 된 채 못 일어나시는 거예요" 한다. 봉이 알을 낳았다는 전설이 있다고 해서 여기 사람들이 그렇게 부르는 곳으로, 우리 식구가 가 본 적은 없는 곳이다. "그냥 두면 동사할 거 같아서 댁이 어디냐고 물어봐도 대답을 못 하시고 해서" 하길래, 내가 얼른 지갑이 양복 안주머니에 있는데 꺼내 보시지 그랬냐고 했더니, 그분이 주머니에서 지갑을 꺼내주시면서 당신네도 그래서 지갑을 찾아보고 나서 신분증 주소로 모시고 왔다고 했다.

우리집에 오시면 늘 아버님이신 이병주 선생을 "나의 아버지"라 하시며 아버님 이야기를 많이 하시던 이 교수님도 남편보다 한 살인가 두 살 아래여서 지금은 정년 퇴임을 하셨을 터이다. 우리가 서울로 왔을 때 부산에 있는 대학으로 옮기셨는데, 부산에 그냥 사시는지 서울로 오셨는지 못 들었다. 언젠가 내가 수술을 했을 때였는지 남편이 이 교수님 아드님 결혼식에 다녀왔다고 했던 것 같다.

몇 년 전부터 더러 술자리에 갈 일이 있어도 남편이 이런저런 구실을 대며 피하더니, 지금은 술을 거의 끊은 것 같다. 이 교수님도 사정이 비슷하시지 않을까 싶다. 처음 전임이 되어 갔던 진주 시절, 좋은 친구가 있어 객지 생활 몇 년이 덜 외로웠을 터이니 다행이었다는 생각이 들 때도 있다. 그때만 해도 젊어서 새벽까지 공부하거나 아니면 눈이 아파서 도저히 책을 못 본다는 구실을 대며 어울려서들 새벽까지 퍼마셨다. 마셔도 너무 마셨다. 언젠가 12월 말이었는지, 달력에 내가 빨간색 볼펜으로 북북 그어 놓은 날들을 세어 보더니 무슨 경이로운 사실이나 알아낸 듯이 감탄하며, "며칠 빼고는 다 마셨어!" 했다.

  이제 모두 나이 들어 열정도 건강도 예전 같지 않을 터, 공부에도 술에도 목숨 걸었던 그 시절, 그 양반들 생각을 하면, 그래서 책도 수십 권씩 쓸 수 있지 않았나 싶을 때가 있긴 하다. 아마 후회는 없을 것이다. 그 '질풍노도'의 시절을 떠올리면 늘 내 머리에 떠오르는 말이 있다. 새벽까지 공부하고 눈 아파서 책 안 보려고 새벽까지 퍼마시는 자기네는 그렇다 치고, 새벽까지 또 봉알자리 나무 밑이 자기 집 안방인 양 책 베고 누워서 잠든 건 아닌지 걱정하느라 새벽까지 못 자고 있던 "나는?"

2024년

양고기를 앞에 놓고 한 식전 기도

영화 「바람과 함께 사라지다 *Gone with the Wind*」에 나오는 명대사, *After all, tomorrow is another day*를 '내일은 내일의 태양이 뜬다'라고 한 번역을 멋진 의역이라 한다. 오래전 내가 교양 영어를 가르치고 있을 때였다. 옆 강의실에서도 같은 강의를 하고 있었는데 목소리가 커서 우리 강의실에도 다 들릴 정도였다. 그때 강의를 하던 후배는 다음 학기에 유학을 가기로 되어 있어서 그게 마지막 강의라고 했던 기억이 난다.

교양 영어 강사 중에는 내가 나이도 많았고 늦게 대학원을 해서 실력도 시원찮았을 터였다. 그때 우리가 가르치던 영어 내용이 뭐였는지 정확하게 기억나지 않지만 대강 생각나는 부분이 아들을 낳은 친구를 축하하는 두 사람의 대화였던 것 같다. 후배는 두 단어가 붙어서 뜻이 하나인 아주 쉬운 말을 떼어서 읽고 번역을 하고 있었는데 그러다 보니 기상천외한 우리말이 창조되고 있었다. 막 그 부분을 읽은 우리 반 학생들이 들었으면 어쩌나 하고 있는데 옆 강의실 쪽 벽 가까이 앉은 몇 학생의 웃는 모습이 눈에 띄었다. 그이가 아마 교재를 한 번도 읽지 않고 와서 실수를 한 것 같았다.

영국에서 시무하시는 신부님께서 전화를 하셨다. 한국에서 주교님 한 분이 오셔서 스코틀랜드의 한 성당에서 설교를 하시는데 통역이 필요하니 도와달라는 용건이었다. 통역이라니.
내 영어란 게 색채 공부를 하던 런던 본부에 가서 새로운 강의를 듣거나, 케임브리지의 집에 가는 길에 기차가 출발 시간이 지나도록 떠나지 않자(역에 나와 있을 남편과 아이 생각에 난감하여) 객차 방송은 귀에 잘 안 들어와서, 왜 기차가 출발하지 않는지 옆 사람에게 물어보고, 딸이 다닐 학교 교장 선생님을 만나 아이를 부탁하고 막스 앤 스펜서에서 편한 옷들을 살 수 있는, 생활에 불편하지 않을 정도인데, 주교님의 설교를 통역하라니 말도 안 되는 부탁이라는 생각이 들었다.
더 난감했던 건 내가 거절인지 사양인지 하느라 쩔쩔매는 와중에 신부님 말씀이 주교님께서 아직 원고를 안 보내셨다는 거였다. 신부님께서는 설교가 있는 내일 아침에는 보내주실 거라며 당신이 아침 일찍 런던에서 출발할 때 원고를 가지고 나를 태우러 오시겠다고 하셨다. 그래도 설교 원고를 읽을 시간이 아예 없을 수 있다는 생각을 하진 않았던 것 같다.

스코틀랜드로 가는 차 안에서 원고를 주셨지만 멀미 때문에 읽지 못한 채 성당에 도착했다. 성당은 이미 빈 자리가 없을 정도로 신자들로 꽉 차 있었다. 막상 그곳에 도착해서는 신부님께서 이끄시는 대로 성직자들과 이 사람 저 사람 인사하느라 나는 원고를 아예 꺼내지도 못하고 미사에 들어갔다.

미사가 끝나고 회장님 댁인지 교인 집으로 가 앉았을 때는 내 초록색 실크 블라우스는 등이 흠뻑 젖어서 차려입은 재킷의 안감까지 축축해져 있었다. 그 댁으로 가는 동안 한기가 몸속까지 스며들었던 이유였다. 지금도 그 원고 속의 '주교관'이나 '부제관', 무슨 축일 등, 성경에 나오는 특별한 어휘들을 생각하면 머릿속이 아득해지곤 한다. 어쩌면 내가 『성서』(*Good News Bible*) 필사를 시작할 결심을 하게 된 계기가 바로 스코틀랜드의 그 성당에서 진땀을 흘렸던 우의 사건 때문이었는지도 모르겠다.

원래 그곳에서 식사를 하게 되어 있었던 모양인데, 차를 타고 케임브리지로 돌아가는 줄 알았던 나는 식사 초대를 받은 줄도 몰랐고, 그분 댁에서 사람들과 같이 양고기스튜를 먹게 될 줄은 더더욱 몰랐었다. 양고기라니.

식사 전에 같이 간 분들과 담소하면서 나는 계속 내가 통역한 '주교관'의 번역이 bishop's house가 맞는지 아니면 '주교관'을 뜻하는 명사가 따로 있는지 궁금했지만 돌아오는 길에 집까지 데려다주실 신부님께 여쭤봐야겠다고 벼르고 있었다. 그런데 식사가 나올 때까지 한 30분은 더 되는 것 같은 시간에 할 말도 딱히 없던 터라 옆에 앉아서 예의로 이런저런 얘기를 나누던 분에게 묻고 말았다.

그런데 정작 나를 난처하게 했던 일은 '주교관' 번역이 아니었다. 자리에 앉아 와인도 나오는 꼭 무슨 반상회 같은 분위기로 잡담들을 나누는 시간이 좀 길게 느껴질 때쯤 식사가 나왔다. 그날 식사의 주요리가 양고기스튜였다. 영국에 있는 동안 한 번도 먹어본 적이 없는 데다 커다란 그릇에 국물과 양고기를 가득 넣어서 한 사람 앞에 한 그릇씩을 돌렸던 것 같다. 일단 양이 너무 많아서 그릇을 하나 달래서 고기 한 덩이와 국물을 조금 담아 내 앞에 놓긴 했다.

식사 준비를 하는 동안 조금씩 풍기던 누린내가 스튜가 나오자 온 방에 가득 차서 괴로울 정도였는데, 고깃덩어리를 보고 있으려니 기가 막혔다. 내가 한 덩어리를 덜어 놓자 옆에 앉아서 나랑 이야기를 나누던 분이 얼른 한 덩이를 더 덜어서 내 그릇에 담아주며 자기네도 자주 먹지는 않는다고 했다. 냄새가 역해서 도저히 못 먹을 것 같았지만 그래서는 안 될 것 같았다.

그날 양고기를 입에 넣기 전에 나는 기도했다. 제발 삼킬 수 있게 해 달라는, 내 인격과 교양과 예의범절이 총동원된 필사적인 기도였다. 내가 식전 기도를 바치는 버릇이 생긴 게 그때 이후인 것 같다. 지금도 나는 혼자 밥을 먹을 때 식전, 식후 기도를 한다. 어두운 다음에야 집에 도착한 나는 식구들에게 '진땀

뺐다'라고 말했지만, 마음속에서는 온갖 생각들이 오가고 있었다.

그날 성당에서 설교를 하신 한국에서 오신 주교님께서는 사실 영국의 기도원인지 교육기관인지 기억나지 않지만 어쨌든 성직자들이 수도 생활을 하는 곳에서 지내신 적이 있다는 거였다. 묵언 수행이었다면 모를까 분명히 영어로 기도하고 소통하셨을 텐데 왜 설교를 한국어로 하셨는지 이해가 되지 않았다. 그리고 또 영국에서 시무하시는 신부님께서는 당신이 통역을 하시지 않고 구태여 배냇 신자도 아닌 내게 설교 통역을 하라고 하셨는지 그것도 이해가 되지 않는 일이었다. 대학 때 외국어 실험실 영어 조교로 있던 내가 실험실 수장이신 김진만 교수님을 따라 성당에 나가기 시작한 거였는데, 지금도 '설교' 통역이 말도 안 된다는 생각에는 변함이 없다.

가끔 그때 통역을 하면서 쩔쩔맨 생각을 하면 등에 식은땀이 난다. 지금도 여전히 그렇다. 그러나 다시 생각해 보면 나는 상황을 즐기고 있었던 것도 같다. 어쩌다 연극 공연을 볼 때면 대학 시절, 여석기 교수님의 지도로 영어연극 「꽃의 영광」(*Glory in the Flower*, William Motter Inge(1913-1973) 대본으로 William Wordsworth 의 시에 나오는 「초원의 빛」 Splendor in the Grass와 쌍을 이룸)을 공연했을 때, 강당에 가득 찼던 청중들 생각이 날 때가 있다. 그 무대에서 강신철 선배와 블루스를 추었었는데, 그때 내 남자 친구였던 김인환이 내가 저녁 공연을 하는 줄 알고 연극이 끝나고 우리가 무대인사를 하고 있을 때야 왔었다. 황당했지만 다행이다 싶었던 그때와 비슷한 느낌이었다고 할지 그랬던 것 같다.

　설교 통역 사건 이후, 내가 좋아하는 영어 성경, *Good News Bible* 필사를 하고, 영어로 주기도문을 천 번씩 썼는데도 나는 지금도 여전히 영어를 유창하게 하시던 아버지를 따라갈 수 없다는 생각을 한다. 아버지였다면 '주교관'을 bishop's house라고 당당하게 통역하셨을 것 같아서이다. 다른 명사가 있다고 해도 틀린 건 아니니까. 몇 년 전 교수님께서 영어수필들을 소개하는 칼럼을 맡을 수 있는지 물어보셨을 때 손사래를 쳤었다. 그때 '영미 수필 칼럼' 대신 썼던 글이 바로 『수필문학』의 「색채에세이」 연재였다.

　가끔 그곳에서 영어학으로 대학원을 가기보다는 색채 공부를 했던 게 맞았다는 생각을 하기도 한다. 영국에 있는 동안 내가 선택했던 건 아버지께서 주시는 학비를 받아 가면서 약속했던, 영어학 전공으로 대학원에 들어가서 공부를 계속하고 아이와 함께 그곳에 남는 게 아닌, 런던의 색채연구소에서 공부한 색채 분석이었다. 그렇게 한국에 웜 톤과 쿨 톤을 기반으로 하는 퍼스널 컬러 이론을 소개했고, 〈한국색채연구소〉의 교수로 한동수 소장님과 함께 한국인을 위한 새로운 색채 시스템을 개발했다. 내 인생은 무채색이라고 생각했는데, 쓰다 보니 모험으로 가득 채워져 있는 듯하다. 그게 무채색이든 유채색이든 후회는 없다.

2024년

민나야 나가자

 학교 앞 서점의 소설과 시집을 거의 다 빌려 읽었을 때 교사로 퇴직하신 서점 주인 할아버지는 내게 『분홍신』이라는 예쁜 제목의 책을 선물로 주셨다. 내용이 제목처럼 그리 예쁘지만은 않은 책이었다. 선물을 주신 게 감사해서 그분이 왜 내게 그 책을 선물로 주었는지는 생각해 본 적 없었던 것 같다. 그때는 그랬다. 그 후에는 추천해 주시는 책을 사겠다고 하면 얼마 후에 갖다 놓으셨다. 그렇게 소설책과 시집들을 읽었다.
 아버지가 사다 주신 동화책 몇 권을 줄줄 외울 때까지 수십 번 읽으면서 어린 시절을 보냈고, 중학교, 고등학교에 다닐 때 학교 앞 서점에서 책을 빌려다 읽고 다음 날 다른 책으로 바꿔 빌려와서 읽었는데 그때는 할아버지 선생님이 내 독서 선생님이었다. 독서 선생님은 공책에 내 이름을 쓰시고 그 아래 내가 빌리는 책들을 기록하셨다. 서점에 있는 책을 다 읽은 상으로 할아버지 선생님이 주신 『분홍신』은 내 책장 맨 위 칸, 도스토옙스키 전집을 꽂고 남는 한 권 자리에 오래 꽂혀있었다. 그때는 요즘처럼 『소피의 선택』 같은 쉽게 쓴 철학책은 없었던 것 같다. 할아버지 선생님이 내게 추천해 주신 소설이 아닌 책 중에는 100세가 넘으신 김형석 교수님의 『영원과 사랑의 대화』라는 책도 있었다. 교수님은 지금도 글을 쓰시고 강연을 하신다.

  대학생이 된 후 첫 방학인지 좀 더 뒤인지 집에 갔을 때 어머니 화장대 위에 『흙 속에 저 바람 속에』가 놓여 있었다. 전봉준에 관한 부분이 있었던 것 같은데 잘 기억나지 않는다. 다만 그 책을 읽으면서 점심시간이면 서관 시계탑에서 고려대 교정에 울려 퍼지던 '새야 새야 파랑새야'를 떠올렸던 생각은 난다. 『흙 속에 저 바람 속에』는 이어령 선생이 1968년에 낸 책이다.

  고등학교 때, 할아버지 선생님께 부탁드려 사서 읽었던 책 중에 『데미안』과 『바람과 함께 사라지다』, 『장 크리스토프』도 있었는데 로맹 롤랑이 열 권으로 낸 대하소설 『장 크리스토프』를 세 권으로 나와 있는 김창석의 번역(1963 정음사)으로 읽었다.(김창석은 프루스트의 『잃어버린 시간을 찾아서』를 처음으로 번역한 분이다.) 『장 크리스토프』는 그 분량에 놀랐지만 마가렛 미첼의 『바람과 함께 사라지다』를 며칠 만에 읽었으니 곱하기 3 정도 해서 한 보름이면 다 읽겠지 했는데 생각과 달리 2권의 전쟁 장면 등에서 잘 넘어가지 않았다.

  『장 크리스토프』에서 주인공 장 크리스토프는 서로 다른 신분 때문에 첫사랑 민나와 헤어진다. 그는 음악가로서의 성장과 함께 정치적인 사건들에 후말리기도 하고 도피생활도 한다. 사회변혁의 격랑 속에서 음악가로서 성공할 때까지 주인공은 여러 여자와 연애를 한다. 파리에서 한 소동에 휘말렸다가 스위스로 도피했을 때 머물렀던 친구의 집에서 친구의 아내와 불륜을 저지르고 동반 자살을 시도하는 등 그 후에 오랜 고뇌과 고독 끝에 만난 이탈리아 여성과의 사랑까지 많은 여자들과 사랑하고 헤어진다. 세월이 흐른 후 첫사랑 민나를 다시 만났을 때, 어린 시절의 첫사랑 민나의 기억과 너무나도 달라진, 변해버린 그녀를 보며 그가 가만히 말한다. "민나야 나가자." 정확한 문장이 생각나지 않지만 이제 와서 그 책을 찾아볼 생각은 없다. 다만 그 장면 때문에 며칠을 울었던 기억이 난다. 그냥 슬픈 정도가 아니라 정말 가슴이 너무 아파 가슴을 부여잡고 뒹굴면서 울었다. 그러나 내 그런 감수성으로도 나는 소설가나 시인이 되지 못했다. 딱 한 번 낸 드라마 공모에드 떨어졌다. 그래서 나는 또 걸핏하면 그 때문에 운다.

사는 동안, 힘들 때 흉한 모습으로 망가지지 않으려고, 어떻게든 나를 잃어버리지 않으려고 기를 쓰며 참고 살았다. 암 선고를 받았을 때도, 암 수술을 하고 정신은 들었는데 숨이 돌아오지 않아 지옥을 들락거릴 때도 그랬다. 가장 힘들었건, 사랑하는 사람들을 잃었을 때도 그 불행들을 어떻게든 견뎌내서 내 삶이 황폐해지지 않게 하려고 이를 악물었다. 그건 내가 세상을 다 지나간 어느 날 내 첫사랑이 "민나야 나가자" 하면서 열여섯 살, 어린 나를 가만히 불러낼까 두려워서였는지도 모른다. 그런 독한 버팀이 정작 나를 얼마나 황폐하게 했을지는 계산에 넣지 않았다.

어쩌다 오래 전 명동의 한 레스토랑에서 먹었던 녹인 버터를 올린 아스파라거스를 떠올리며 침이 고이면 서머셋 모옴의 「런치」 마지막 장면이 떠올라 살짝 공포를 느낀다. 나도 다른 건 모르지만 체중 면에서는 썩 자유롭지 않기 때문이다. 그녀의 체중이 130kg에 얼마가 더 나간다고 했던 것 같다. 주인공이 어떻게 그 밉상 여인의 체중을 알아냈는지는 기억나지 않지만 약 때문이건 다른 이유 때문이건 어쨌든 대학 때보다 20kg 가까이 늘어난 내 체중이 거진 그 반이 되어가고 있어서다. 변한 게 체중만은 아닐 터, 첫사랑이 내게 "민나야 나가자" 하면 어떡하죠?

2019년 10월

어바웃 타임[3]

　호스피스에 필요할 것 같아 미술치료사 과정을 시작한 지 얼마 되지 않은 어느 날, 강사는 점토로 생각나는 걸 만들어 보라고 했다. 한참 동안 점토를 주무르다가 내가 만든 건 오랫동안 잊고 있었던 고향 집 변소의 변기였다.

　어릴 적엔 변소가 집 밖에 있었다. 문밖으로 나가 울타리를 끼고 왼쪽으로 돌아가서 돌로 된 계단 두 개를 올라가면 진짜 넓은 변소가 나온다. 아버지는 그 넓은 구덩이 위에 마루처럼 나무를 깔고 가운데 구멍을 만들어 그 위에 상자를 만들어 앉혔는데, 위를 하트 모양으로 깎아낸 다음 사포로 문질러 엉덩이가 긁

---

[3] 「어바웃 타임」(About Time)은 리처드 커티스 감독이 만든 시간 여행이 가능한 가족에 관한 영화이다. 주인공 팀은 암 선고를 받은 아버지에게 집안의 남자들이 시간을 되돌릴 수 있는 능력이 있어서 과거의 원하는 시간으로 돌아갈 수 있다는 이야기를 듣게 되고, 과거로 돌아간 젊은 아버지와 어린 아들이 오래전 물수제비를 뜨며 놀았던 굴가로 가는 장면이 나온다.

히지 않게 하시고 은색 칠을 해 주셨다. 내가 만든 건 바로 위가 하트로 뚫린 상자 변기였다. 나는 잊었는데 내 손은 잊지 않고 있었다. 점토는 멀리도 가서 어릴 때 아버지께서 만들어주신 은색 칠을 한 상자 변기를 찾아다 내 손에 쥐어 주었다.

어린 내가 혼자 용변을 볼 수 있는 나이가 되었을 때, 아래가 보이는 변소를 무서워하자, 아버지께서 여러 날 걸려 대청마루처럼 나무를 깔고 상자 변기를 만들어, 그 위에 앉아서 용변을 볼 수 있게 해 주셨다. 최초의 양변기였다고 할까.

아버지는 퇴근하시면 늘 무슨 일인가를 하셨다. 한 겹인 창을 데마도[4]라고 하셨는지 뭐 그런 이름의 마당 쪽으로 튀어나온 이중창으로 바꾸시기도 하고, 마루에 깔린 넓은 나무가 낡아 내가 뛰다가 널빤지와 함께 마루 밑으로 빠지면서 다리를 다치자 좁고 매끈한 나무로 새 마루를 깔아주시기도 했다. 작업을 하시며 어린 내게 그 나무가 "투 바이 포"라고 하시거나 "강송은 갈라져서 미송을 써야 한다"라고 하신 것 같다. 그 반대였는지도 모르겠다. 그 말들이 무슨 뜻인지 몰랐지만 그런 '전문적인 용어'들을 쓰면서 설명해 주시는 게 참 좋았다. 아버지께서 "투 바이 포" 하시면 내가 따라서 "투 바이 포", 아버지께서 "강송" 하시면 내가 "강송", 그렇게 복창을 하는 것도 재미있었다. 내가 기억하는 서른이 갓 넘은 아버지와 대여섯 살 난 내가 나눈 대화이다.

---

[4] 일본말로 데마도(出窓). 우리말로 퇴창(退窓). 건물 밖으로 튀어나온 창.

요강을 싫어하는 내가 밤에 화장실을 가야 할 때는 아버지께서 남포(램프) 불을 변소 앞에 놓아 주시고 변소 밖에서 북극성이며 길 잃은 나그네 이야기도 해 주시면서 기다리셨다. 울타리 나무가 무슨 나무였는지 생각나지 않지만, 변소에서 돌아올 때 울타리를 흔들어대는 바람 소리에 등골이 오싹오싹했다. 그건 밤이 내는 소리였는지도 몰랐다. 그때 팔을 뻗어 키 큰 아버지 손을 잡으면 마음이 놓였다.

어머니께서 내가 중학생이 되었을 때쯤 아래채 복도 끝에 샤워도 할 수 있는 화장실을 넣어 주실 때까지 밤에 화장실을 갈 때는 부모님 중 누군가는 꼭 같이 가서 암호 같은 대화를 한참 동안 나누었다.

수십 년 동안 단 한 번도 생각나지 않았던, 고향집의 변소 마루에 놓인 상자 변기라니, 이제 오랜 세월 외면해 온 내 안의 아버지 기억들이 자기 자리를 찾아온 건가? 그립고 아픈 마음에 며칠을 울고 다니면서, 집을 비우는 동안 식구들이 먹을 음식을 냉장고에 채워 놓고 부산행 기차를 탔다. 대학 시절, 학기말 시험이 끝나는 날이면 서둘러 부산행 기차를 탔던 그때와는 사뭇 다른 느낌이었다. 그때는 그 길이 집으로 가는 길이었으니까.

식사를 거부하신다는 92세의 아버지는, 내가 종류대로 가져간 호스피스 케어를 받는 환자들을 위한 식사 대용 미음들을 한 개씩 입술에 적셔 드렸더니, 그중 한 가지 미음을 맛보시고는 한 캔을 단숨에 드셨다.

내가 만류하는데도 그녀는 옆에서 큰 소리로 누군지 아시겠냐며 세 번, 네 번 묻는다. 겨우 "큰딸"이라고 말씀하시는 낯설고 가여운 아버지의 손을 잡고 있다가, 미음 중에 고개를 끄덕이시던 그 맛으로 사서 보내겠다고 하고 아버지가 계신 아파트를 나섰다. 딸, 서영이가 그 미음을 일 년 가까이 보내드리다가 그만 보내라고 해서 더 보내지 않았다.

한 시간이 채 걸리지 않은 아버지와의 만남은 호스피스로서 만나는 말기 암 환자 방문보다 더 어색하고 슬펐다. 문을 나서면서 아버지께서 혼자 계셔야 할 텐데 택시를 타겠다고 만류하는데도, '아가야 엄마'였던 그녀는 교회 갈 때도 소파에 앉혀 두고 다닌다며 전철역까지 태워다주었다. 망설이다가, 아버지 혼자 두고 교회 일로 집을 자주 비우면, 요양보호사도 신청하고 상주하는 간병인도 두는 게 좋지 않겠냐고 말했다.

남편이 아버지 옆에서 하룻밤 자고 오라고 했는데, 한 시간만에 나오고 말았다. 아무래도 친구네 가게에 가 있다 저녁때나 올라가야겠다고 생각하고 서면에서 내렸다.

반지나 목걸이를 맡기면 친구는 금속 조각들을 점토인 양 주물러서 결혼할 때 사이즈 6이었던 반지를 키워서 굵어진 내 손가락에 맞게 만들어준다. 결혼반지의 보석은 메달에 넣어 목걸이로 만들고 반지에는 조금 큰 알을 넣어 업그레이드해 주기도 한다. 다른 것도 그렇게 바꿀 수 있다면 많은 것이 달라질 수 있었을까… 부질없는 생각이다.

친구는 내 기억들을 상당 부분 공유하고 있지만, 많이 묻지 않는다. 우리가 여고생이던 그 시절, 어머니는 어른스러운 친구를 예뻐하셨고, 집이 일광인 친구가 기차를 놓친 날 우리 집에 오면, 부엌에 들어가 어머니 옆에서 식사 준비를 거들기도 했다. 같이 늦은 점심을 먹고, 우리가 만나면 늘 되풀이하는 것처럼, 회상 속, 우리보다 어린 우리 어머니와 친구네 큰오빠를 마치 어제 만났던 사람들인 양 다시 만난다. 고3 때인가, 막내인 친구에게 아버지 같았던 잘생긴 큰오빠가 술 마시고 전차에 치여서 병원에 입원했을 때, 문병 가신 우리 어머니가 "ㅂ 보 같은 짓을 하면 전차에 치였냐고 하는데, 정말 전차에 치인 사람은 처음 본다"라고 하셨던 이야기를 하며 우리는 눈물이 날 때까지 웃었다. 그때 어머니는 사십 대 후반도 되지 않았었다.

저녁 기차를 타러 나서는데 친구가 가방을 들고 따라 나온다. 몇 년 전, 생신에 오지 말라고 할 때까지 남편과 아버지 생신에 와서 아버지께서 좋아하시는 해운대 호텔에서 식사를 하곤 했는데, 그때 다녀가는 길에 들렀을 때처럼 역까지 배웅 나오면 헤어질 때 또 울 것 같아 친구를 문 안으로 밀어 넣고 돌아섰다.

2015년 8월

기억들: 다른 과거를 위하여

　우리는 가지 않은 길에 대해서 오래 명상하고 그리워한다. 인생의 어느 지점에서 내가 했던 선택들, 했으면 좋았을 일들로 인해 어쩌면 평생 후회할지도 모른다. 세상에서 가장 슬픈 말이 '그때 내가 그렇게 했어야 했는데'라고 한다. 교양 영어를 가르칠 때 시 두 편을 읽었다. 「가지 않은 길」(The Road Not Taken)과 「눈 내리는 저녁 숲 가에 서서」(Stopping by Woods on a Snowy Evening)인데 번역하지 않고 그냥 소리 내어 여러 번 같이 읽었다. 읽은 후에 학생들에게 한 부분을 외워 보라고 했더니 거의 같은 부분을 외웠다. 무슨 뜻인지 알겠다고 했다. 나도 학생들이 뽑은 그 부분 때문에 사람들이 이 시를 좋아한다고 생각한다.

　　The woods are lovely, dark, and deep
　　But I have promises to keep,

And miles to go before I sleep,
And miles to go before I sleep.
숲은 아름답고 어둡고 깊지만
내겐 지켜야 할 약속들이 있어서
잠들기 전에 가야 할 길이 남아 있네
잠들기 전에 가야 할 길이 남아 있네

나는 시를 좋아한다. 시를 외는 것도 좋아해서 여고 시절엔 시집을 책가방 속에 넣고 다니면서 마음에 남는 시들을 외우곤 했다. 그 시절에 내가 좋아했던 시는 Robert Frost(1874~1963)의 「가지 않은 길」과 John Greenleaf Whittier(1807~1892)의 「내 짝이었던 소녀」였다. 「내 짝이었던 소녀」는 감상적이었지만 예쁜 시였다. 장왕록의 번역으로 읽었던 것 같은데 확실치 않다. 내가 기억하는 시를 그가 어느 시기에 썼는지라도 알고 싶었는데, 인터넷에도 휘티어의 퀘이커 백그라운드 말고는 그 시를 아예 찾지 못했다. 내 짐작에 그가 이런저런 정치적인 이슈들에 관여하다 낙향했을 때 여동생이 죽고 나서 쓴 시가 아닌가 짐작하는 정도다. 가슴 먹먹한 이별 이야기가 왜 좋았을까? 한 번도 사랑하는 사람과 이별해 본 적이 없어서 가슴 아픈 이별이 아름답게 여겨졌던 걸까?

「가지 않은 길」은 아버지께서 원하시는 대학이 아닌 다른 대학을 선택하는 일이 어려웠던 내게 많은 생각을 하게 했던 시여서 여고 시절 내내 마음에 담고 있었던 것도 같다.

Two roads diverged in a wood, and I-
I took the one less travelled by,
And that has made all the difference.
숲속에 두 갈래 길이 나 있었어. 그래서 나는-
나는 사람들이 덜 다닌 길을 택했고
그것으로 인해 모든 것이 달라졌다네.

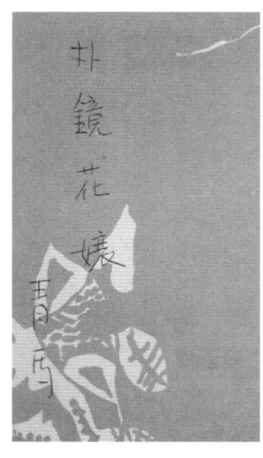

그 시절 기억 속의 상당 부분이 유치환(1908~1967) 교장선생님의 기억들과 연결된다. 친구들과 교장실 밖 화단에 서 있던 키 큰 태산목 나무에서 떨어진 꽃잎을 줍곤 했는데, 한참을 떠들고 있으면 청마 선생님께서 나오셔서 같이 꽃잎도 모아 주시고 당신 시집, 『미루나무와 남풍』(1964)5)에 '朴鏡花孃 靑馬'라고 써서 선물로 주시기도 하셨다.

내가 외우는 시 「파도야 어쩌란 말이냐」가 정확한지 자신이 없어 선생님의 『자작시 해설, 구름에 그린다』(1959)6)를 찾아봤다. 그런데 내가 외우는 건 '뭍같이'인데 그 책에는 '물 같이'로 되어 있었다. 정음사에서 나온 선생님의 전집에는 '뭍같이'로 나와 있

---

5) 유치환(1964)『미루나무와 남풍』, 平和社.
6) 유치환(1959)『자작시 해설, 구름에 그린다』, 신흥출판사.

었다. 김인환 교수는 정음사의 전집도 판본이 정확하지 않다고 한다.

> 파도야 어쩌란 말이냐
> 파도야 어쩌란 말이냐
> 임은 뭍같이 까딱 않는데
> 파도야 어쩌란 말이냐
> 날 어쩌란 말이냐

선생님은 이 시에 다해 다음과 같은 해설을 붙이셨다.

> 이것은 나의 四十代의 그리움입니다. 스스로도 가눌 길 없는 情炎에 번롱 당함이 아닙니다. 한갓 恐꿈와도 같은 사모에 차라리 목숨을 내맡겨 놓노라면 불 속에 달구어질수록 쇠는 좋은 쇠로 다듬어져 나오듯이 영혼도 가을날 구름자락처럼 절로 빛을 달하기 마련인 것입니다.

청마 선생님이 6.25 직후에 경북대학교 국어교육과 교수로 발령을 받았는데 교수직에 오래 계시지 않았지만, 선생님이 경북대학교에서 철학자 하기락 교수를 만나 평생의 우의를 나누게 되었다고 한다. 두 분이 같이 수필집을 내신 것이 교수 시절의 소득이라면 소득일 것이라고 하는데, 두 분의 공저가 훈민각에서 『사랑과 모랄의 진리』라는 제목으로 출간되어 있다.

젊은 시절 만주에서 농장을 관리하며 시를 써서 1930년대의 평론가들이 오장환과 청마를 '생명파'라고 불렀다고 한다. 고교 시절 국어시간에 배웠던 청록파 시인들, 조지훈(1921~1968), 박목월(1916~1976), 박두진(1916~1998)은 그 후에 등장하는데 청마보다 여덟 살에서 열세 살 연하였다. 대학에 계셨던 조지훈, 서정주, 박목월 시인의 경우는 제대로 된 전집이 나와 있는데, 유치환 선생님 경우는 정음사에서 나온 세 권으로 된 전집이 있긴 하지만 작품이 다 들어있지 않다고 한다. 선생님의 멋진 글과 눌변이지만 따뜻한 전체 조회 시간의 훈화는 늘 좋은 기억으로 남아 있다.

대학 시험에 붙고 부산에서 오느라 한 시간 늦게 면접시험을 보러 갔을 때, 교수님은 청마 선생님과 친구라고 하시며 입학시험 성적은 좋은데 고등학교 수학 성적이 어떻게 영점일 수 있냐고 물으셨다. 그때 면접에 늦은 나를 위해 잠시 기다려 주셨던 교수님이 바로 청마 선생님이 경북대 국어교육과 교수로 임용되셨을 때 영문과 강사였던 김치규 선생님이시다. 지금 생각하면 스무 살 가까이 아래인 김치규 선생님이 청마 선생님을 친구라 부르면 안 되었던 것 같긴 하다. 경북대에 계실 때, 국어교육과 교수였던 청마 선생님과 영문과 강사이던 김치규 선생님, 의대생인 허만하 시인, 그렇게 셋이 술을 자주 마셔서 술친구라는 말씀이었을까?

그때는 대학에 가면 무언가 엄청난 좋은 일들을 만날 것이라는 막연한 꿈에 부풀어 있었다. 대학에 가는 게 벼슬하는 거니까 말하자면 청운의 꿈을 이루는 것이다. 아버지는 내가 이화대학 영문과에 들어가서 학보사 기자가 되고, 졸업 후에는 동아일보 기자가 되는 것이 꿈이라고 말씀하시곤 했다. 집에 첩들이 들락거리게 하던 아버지가 미워서 일부러 아버지 뜻에 어긋나느라 한 건 아니지만 나는 여학생에게 수학 대신 가정을 선택할 수 있게 해 준 다른 대학을 택했고 그 선택으로 인해 모든 것이 달라졌다. 「가지 않은 길」의 마지막 줄, "And that has made all the difference"처럼. 그런데 고등학교 가정 선생님께서 염색은 잘 모른다며 시험에 잘 나오지 않는다고 했던 수학 대신 택한 가정 시험에 염색에서만 무려 세 문제가 나왔고, 나는 그 세 문제로 인해 영문과에 일등이 아닌 이등으로 합격한 거라고 지금도 가끔 우긴다.

대학 1학년 겨울방학이었다. 부산에 내려가 있던 어느 날, 부산진역 앞 버스 정류장에서 청마 선생님과 마주쳤다. 반가워하시며 배우처럼 내게 한 손을 들어 먼저 타라고 하시는 모습이 멋있다고 생각했다. 그게 끝이었다. 교장선생님은 그다음 날 교통사고로 돌아가셨다. 장례식에 참석하고 다시 학교로 돌아왔지만 돌아가시기 전날 만난 선생님 모습이 자꾸 떠올랐다.

대학에 들어가서는 학보사가 아닌 영자 신문사 기자가 되었고 그렇게 내 대학 시절은 영자 신문사를 베이스로 모든 일이 일어났다. 그 당시 멕시코 올림픽에 다녀온 잘생긴 농구 선수 박한을 체육관에서 인터뷰할 때, 너무 시끄러웠던 선수들이 뛰는 소리, 공이 바닥에 튀는 소리에 겁을 먹어 온몸이 사시나무 떨듯했던 기억이 있다. 가사가 가슴에 와닿는 영어 노래들을 좋아했고 일 년 선배인 편집장 박익서는 신문사 칠판에 그때그때 배우던 노래 가사를 써 놓곤 했다. 경제과 학생이던 일 년 후배 기자 이규환과도 잘 어울렸다. 우리가 같은 책을 읽고 같은 노래를 좋아하면서 친하게 지냈던 영자 신문사 시절, 그는 내 남자 친구 김인환을 토니오 크뢰거라고 불렀다. 내 인생에서 가장 행복했던 시간들이었다.

대학 4학년 봄에 어머니가 갑자기 돌아가셨다. 4학년 2학기에 화학과 김각중 교수님이 전무로 계시던 경방에 전무 영문비서 겸 수출과 직원으로 들어가서, 학교와 회사를 번갈아 나가며 근무했다. 그리고 수습이 끝나기 전에 결혼했다. 전무님 교수님은 "동생 문제는 아버지를 믿고 시간을 좀 가져 보자"라고 하셨다. 그러나 나는 나보다 열여섯 살이 어린 막냇동생을 데려와 살 수 있을 줄 알고, "청춘 과부한테 내 새끼 안 줄란다"던 돌아가시기 전 어머니 말씀과 "아버지를 믿어 보자"던 교수님의 말씀을 뒤로 하고 전쟁터로 들어갔다. 전무님께서는 후에 경방 회장님을 거쳐 전경련 회장님까지 지내셨다,

> 쓸쓸하여도 오늘은 죽지 말자
> 앞으로 살아야 할 많은 날들은
> 지금껏 살았던 날들에 대한
> 말 없는 찬사이므로

최근, 부산에 다녀오는 기차 안에서 서울까지의 체감 시간을 줄여 볼 요량으로 휴대폰을 뒤적이다 오래전 내가 자주 외던 장정일의 이 시를 찾아봤더니, 그동안 '찬사'를 '보상'으로 바꿔서 외고 있었다. 힘들다는 생각을 줄곧 하다 보니, 앞으로 살아야 할 많은 날들이 살았던 날들에 대한 '찬사'보다는 '보상'이기를 바라는 내 속마음이 담긴 무의식적인 왜곡이었던 것 같다.

그 후로 내가 좋아하는 시는 박재삼의 「가을 강」이다.

    이제는 견딜 일 하나로 바다에 다 와 가는 가을 강

박재삼의 시는 제목부터 「울음이 타는 가을 강」은 그냥 '가을 강'(그래야 지금쯤의 나와 맞으니까)으로 알고 있었고, "미칠 일 하나로"는 '견딜 일 하나로'로 바꿔서 외고 있었다. '미칠' 일은 평생 해 본 적 없어서 내가 잘하는 '견딜' 일이 되었나 싶다. 내가 좋아하는 부분의 원문은 다음과 같다.

    이제는 미칠 일 하나로 바다에 다 와 가는, 소리 죽은 가을 강을
    처음 보겠네

시인은 55년에 대학에 입학한 선배이고 이미 돌아가신 분이라, 내 나이쯤 되었을 때 쓰신 시라고 생각하며 외곤 했었다. 시를 후에 썼는지 모르겠지만 내용은 내가 생각했던 것과는 달리 '친구의 서러운 사랑 이야기'였다.

삶 속의 어떤 부분들을 그렇게 모양을 바꾸어서라도 '견딜'만 한 것으로 다시 만들어내는 고마운 기능이 우리 안에 있는 건가 도 싶다. 내가 설계하는 미래에 따라 과거의 무게들이 달라질 수 있기를 기도한다. 너무 일찍 우리 곁을 떠난 이들을 위해, 우리 들의 다른 미래와 다른 과거를 위해 기도한다.

2015년 8월

세상에서 가장 소중한
소금 한 알

 배가 불러오면서 몇 번씩 '첫아이는 친정에서 친정어머니가 받아야 하는데~' 하시는 어머님 눈치가 보여 어머니가 안 계신 친정에 갔다. 배가 많이 부른 다음에 학교 어학실험실 조교를 그만두고 다리가 많이 부어 집안일을 하는 것도 힘들어서 아버지께 내려가겠다고 전화를 드렸었다. 부산 친정에 가서는 어머니와 살던 집에 가 있었다. 그때 우리 집에 살고 있던 막내 고모가 어머니가 돌아가시기 전에 세를 주고 있던 집으로 옮기면서 내 동갑인 고모 딸이 나와 같이 있게 해 주었다. 거의 매일 아버지를 따라 나를 보러오던 막냇동생 신영이가 방학한 다음에는 아예 책가방을 챙겨 들고 어머니 집으로 옮겨왔다.
 예정일이 다가오자 아버지께서 병원 가까운 수정동 집으로 와 있는 게 좋겠다고 하셔서 좌천동 일신 산부인과가 가까운 아버지한테로 다시 옮겨가서 출산을 기다렸다. 어머니 집에서 익숙한

동네를 산책하고 고모네서 챙겨주는 식사를 하면서 지냈으면 좋았을 텐데 수정동 집으로 옮긴 다음에는 한 달 넘도록 운동은 안 하고 계속 자면서 챙겨주는 대로 먹어서였는지 산통이 길어 열두 시간 넘게 고생하고 힘들게 딸을 낳았다. 고생할 걸 다 한 다음에 결국은 몸에 칼을 댔다. 친정 식구들 정성이 아기를 좀 키웠던 모양이었다. 아기가 3.37kg이었지만 내가 몸이 약해 힘들었던 것 같았다. 새벽부터 아이가 태어날 때까지 친정 식구들이 병원 입구에 있는 대기실에서 열 시간 넘게 기다린 줄은 몰랐다.

  아기 얼굴을 보고 나서 두 시간 가까이 정신을 잃어서 병실에 올라갈 때까지의 기억이 없다. 병실에서 정신이 들었을 때 아기를 씻기고 옷도 입혔다며 신생아실 간호사가 하얀 포대기에 싼 아기를 바구니째 들고 와서 두 번째로 보여주었다. 목욕해서 예뻐졌다고 하며 신생아실로 데려가더니 한 시간쯤 후에 사람 살리라고 우는 아기를 다시 데려왔다. 아기가 울음을 그치지 않아서 다른 아기들을 다 깨운다고 했다.

  열이 나서 몸은 불덩인데 계속 우는 아기를 어떻게 해줘야 할지 몰라 쩔쩔매다가 조그만 얼굴을 가슴에 대고 토닥였더니 울음을 그쳤다. 잠든 아기가 열이 나서 조그만 몸이 불덩인데 아기를 안고 있는 내게 옆 침대 환자 보호자가 아기가 예민해서 익숙한 엄마 심장 소리를 듣고서야 잠든 거라며 자고 나면 열이 좀 내릴 거라고 했다. 앉아있기 힘드니 누워서 아기 얼굴을 가슴에 가까이 대고 있으라고 했지만 아기를 내려놓으면 깰 것 같아서 계속 안고 있었다.

그렇게 우유도 먹지 않고 아기 바구니도 거부한 내 아기는 첫 밤을 엄마 품에서 새벽까지 깨지 않고 잤다. 새벽에 간호사가 들어와서 열이 조금 내렸다고 말해 주었다. 그때 가까이서 교회 새벽종이 울리기 시작했다. 일요일이었다. 열이 내렸다고 했는데도 여전히 뜨거운 동그란 얼굴을 내려다보며 '감사합니다' 하는데 눈물 한 방울이 아기 얼굴에 떨어졌다. 아기는 엄마 눈물이 뺨에 떨어졌는데도 깨지 않았다. 뜨거운 뺨에 떨어진 엄마 눈물방울이 금세 하얀 소금으로 변했다. 나는 울지도 않는 아기를 가슴에 안고 울었다. 밤차로 새벽에 도착한 남편이 들어와서 우리를 안으며 '고생했어요. 잘 키웁시다' 해서 엉엉 울었다. 아빠 목소리에 잠이 깬 아기까지 셋이 같이 울었다.

새벽같이 아기 조카에게 주려고 손에 쥐는 딸랑이 두 개를 들고 온 막내 신영이가 아빠 엄마가 새벽에 큰언니 들어가는 거 보고 아기 낳을 때까지 병원 보호자 대기실에서 기다리고 있었다며 다섯 시에 간호사가 아기 안고 나와서 보여줄 때까지 식사도 못 하고 있었다고 했다. 딸랑이를 아기 손목에도 대 보고 발목에도 대 보던 동생이 제 형부 한 번 쳐다보고 나서 "아기가 입술은 형부 안 닮았네' 하더니 '발이 형부 발 작게 만든 거 같아' 했다.

아이를 낳고 삼칠일 되던 날 학교가 끝나고 아기를 보러오는

115

남편에게 부산까지 다니는 아들이 힘들어 보이셨는지 아기를 데리고 오라고 하셔서 산후가 아직 회복되지 않은 몸으로 집으로 왔었다. 아이 백일 전에 몸이 많이 안 좋아 다시 친정에 갔다.

오늘 9월 9일 딸아이 생일이다. 딸아이가 태어나 열두 시간이 되던 다음날 새벽 다섯 시, 엄마가 흘린 눈물 한 방울로 뺨에 만든 소금 동그라미가 생각난다. 참 오랜만에 동그란 얼굴 위 하얀 눈물소금 한 알이 나를 찾아와 웃는다. 엄마에게 소금으로 와 준 딸이 이제 세상의 소금이 되기를 소망한다.

2019년 9월

메리 크리스마스

"세실리아 학생~" 대학 시절 어느 해 크리스마스 전날이었다. 크리스마스이브에 방 식구들이 다 나간 기숙사 방에서 몸살이 나 종일 누워 있는데 누가 나를 자꾸 부른다. 크게 부르지 않고 조그맣게 계속 부르는 소리가 아무래도 수녀원 이 씨 아저씨 같아서 문을 향해 간신히 대답을 했다. "세실리아 학생~ 수녀님께서 학생이 종일 굶고 있다고 하셔서 죽 좀 가져왔어요." 그 죽 때문에 벌떡 일어났던 나는 그날 밤늦게 찾아온 남자 친구와 자정미사를 볼 수 있었다.

아저씨는 내가 방학에 집으로 갈 때 짐을 부쳐주시고 개학해서 부산서 짐이 오면 찾아다 '니즈구리'(그 시절 역에서 짐을 부칠 때 하는 포장 같은 걸 그렇게 불렀던 것 같다)를 풀어서 방까지 올려다 주셨다. 어머니가 돌아가신 날은 어서 내려가라며 내 등을 떠밀어 서울역으로 보내셨다. 그 오랜 세월이 흐르는 동안 내가 너무 힘들어 아저씨를 한 번도 찾아뵙지 못했다. 죄송하다. 어머니가 돌아가신 후 동생들을 데리고 당신 집으로 들어오라시던 김진만 교수님께도 그렇다. 생각해 보면 고마운 분, 죄송한 분이 많다.

  복학 후 회사에 다니면서 마지막 학기 강의에도 출석하고 있을 때였다. 시월이 거의 끝나갈 때쯤이었던 것 같다. 아침 통근 버스를 타느라 새벽에 일어나 식당에서 밥 한 숟갈 떠먹고 나가는데, 성당 마당에 떨어진 낙엽이 한가득 쌓여있었다. 마당에서 낙엽을 쓸고 있는 아저씨 옆에 어린 아들이 그 새벽에 일어나 종아리가 반이나 나오는 짧은 바지를 입고 아빠를 도와 낙엽을 치우고 있었다. '저걸 언제 다 치우시려고' 하면서 나는 회사 버스가 서는 덕수궁 앞으로 뛰어갔다. 그해 유독 내 가을은 바람에 떠밀리듯 빨리 지나가고 있었다.

  엉겁결에 잡은 결혼식 날이 얼마 남지 않았을 때인데 바람처럼 지나가는 시간 속에서 우왕좌왕하고 있었지만 정작 준비된 건 아무것도 없었다. 심지어 내 마음조차도 아무 준비가 되어 있지 않았다. 결혼식 전날 짐을 옮길 때는 기숙사 사감 수녀님이시던 다비다 수녀님께만 인사를 하는 둥 마는 둥 하고 떠나는 바람에 아저씨께 인사를 드리지 못했다. 그때는 결혼하고 나서 손에 뭐라도 좀 들고 수녀님도 찾아뵙고 아저씨도 찾아뵈어야지 했는데 그러지 못했다. 딸아이가 금방 자라 강성욱 선생님 사모님께서 백일에 보내주신 분홍색 상하복을 양말을 떼고 발이 나오게 입힐 때쯤 나는 아저씨의 착한 아들이 생각났다.

모교 강사이던 남편이 진주에 있는 대학의 전임이 되어 세 식구가 따로 살림을 나게 되었을 때 '한나절 동안' 잃어버렸던 딸을 찾아준 감리교 목사님의 교회에 얼마간 나가면서 내가 감리교 신자가 되는 건가 할 때쯤 아파트로 이사를 하고 근처 교회에 나갔다.

　아파트 옆에 있는 조그만 교회는 목사님 아드님이 혼자 성가대를 하고 있었다. 목사님의 재수생 아들이 딸아이를 부르던 생각이 난다. 꼭 세 번씩 연속으로 불렀다. "서영아 서영아 서영아~" 초코파이 몇 개와 사이다 서너 병 올려놓고 감사기도 드리던 산기슭 작은 교회당의 크리스마스이브를 잊지 못한다. 목사님 아드님은 그날 밤 허스키 보이스로 「내일 일은 난 몰라요」라는 찬송가를 불렀다. 나는 지금도 아이가 혼자 놀면서 조그맣게 부르곤 하던 그 찬송가 가사 그대로 기도할 때가 많다. 목사님은 아들이 신학교에 가기를 원하셨던 것 같았지만 가끔 서영이를 보러 집에 오던 아드님은 다른 공부를 하고 싶다고 했던 것 같다. 늘 아버지 목사님을 도와 교회 일을 하던 그 친구를 보면서 나는 정동 성당의 이씨 아저씨네 어린 아들을 생각했다. 힘든 아버지를 어떻게든 도와드리려고 작은 손으로 낙엽을 치우던 아저씨의 아들 기억이 평생 가슴 한구석에 남아있어서 비슷한 상황을 마주치면 나는 성당 뜨락 그 만추의 시간으로 돌아가곤 한다.

　50년 전 크리스마스이브에 우리가 자정미사를 드린 정동 대성당에서 작년 12월 23일 주일 미사 때 남편이 서례를 받았다. 그리고 다음 날인 12월 24일 밤 우리 부부는 동생과 조카 명주, 명주 딸 하영과 함께 자정미사를 드렸다. 나는 그 '사건(남편이 느닷없이 세례를 받은 일)'을 두고 대학 때 수녀원 기숙사에 사는 동안 매일 새벽 다섯 시에 수녀님들과 같이 미사를 드린 상을 이제 주신 거라 생각할 때가 있다. 아이가 멀리 가 있는 동안 매일 새벽 미사에 나갔던 건 상 받을 일은 아니라는 생각이지만 혹시 그 상도 주시면 꼭 받고 싶은 상이 있긴 하다.

 기숙사에서 지내는 동안 우리가 무언가를 해 달라고 발을 구를 때마다 그게 무슨 일이든 다 해결해 주시던 아저씨를 우린 참 좋아했다. 어느 날, 제부 신부님이 돌아가신 다음에도 대성당에서 성가대를 하는 동생에게 아저씨 이야기를 물어보았다. 연세에 비해 늦게 보신 듯했던 그 아드님이 어떻게 자랐는지 궁금하다고 했더니, 동생이 "이 씨 아저씨 아들, 서울대 교수님이야" 했다.

 하루에도 몇 번씩, 바쁜 아저씨를 별일도 아닌 일로 찾아대던 우리가 아저씨께 고마운 인사를 잊고 사는 동안, 누군가 착한 아드님을 공부도 시키시고 건강하게 자라서 교수님도 되게 하셨다. 우리의 고마움과 미안함도 기도로 쳐주신 거였을까? 원고 청탁 제목 중에 '메리 크리스마스'를 보는 순간 아저씨 생각이 났다. 그 많은 크리스마스가 지나갔는데도 나는 한 번도 성당에 들러 아저씨를 찾았던 적이 없다. 오늘은 아저씨께 인사를 드리고 싶다. "메리 크리스마스 아저씨, 고마웠어요."

2019년 겨울

코끼리는 꿈을 꾼다

정초에 코끼리 꿈을 꾸었다. 키 큰 풀들이 바람에 일렁이고 있는 언덕 위 높은 곳에 서 있었는데, 가파른 언덕 아래 강(해리포터에 나오는 언덕 아래 때도 들어오던 그 강) 쪽에서 어마어마하게 큰 동물들이 빠른 속도로 나를 향해 달려오고 있었다. 꿈속에서 나는 '이런 장면을 두고 장관이라 하나' 하면서 그 큰 동물들의 무리를 맘모스(매머드)라 생각했다. 그 회색 코끼리들의 다리는 커다란 사각기둥들 같았고 무리에 섞여서 달려 올라오는 또 다른 비현실적인 동물들도 도두 크고 튼실했다. 달려 올라오는 속도와 땅을 울리는 발자국 소리에 정신이 아득할 지경이었지만 무섭지는 않았다.

복학하던 해 여름 학기가 끝날 때쯤, 시아버지가 안 계신 집으로 보내는 게 그렇다며 아버지께서 결혼 승낙을 하지 않고 있을 때였다. 꼭 그래서는 아니었지만 그때 남자친구와 나는 한 달 정도 만나지 않고 있었다. 그때쯤 어느 날, 같은 과 친구와 만나 대한극장 옆에 있는 레스토랑 '인디안'에서 저녁을 먹기로 했던 날이었는데 친구와의 약속 시간보다 좀 일찍, 근 한 달째 냉전 비슷한 약간의 갈등을 겪고 있던 남자 친구가 기숙사 앞이라며 전화를 했다.

그날 나는 어머니가 돌아가시기 전에 사주신 작은 은색 코끼리 몇 마리가 수놓아진 올리브그린 색 시폰 블라우스와 은회색 스커트를 입고 있었다. 친구와의 약속 시간을 기다리지 않고 기숙사를 나갔던 내 행동에 대해 기숙사 친구들이 뭐라 했지만, 나는 오랜 시간이 지난 후에야 그 일을 후회했다. 친구에게 많이 미안했어야 했는데 그때 친구에게 미안하다는 말을 못했다.

명동 한복판 길가 자투리땅에 이층을 올린, 그 당시에는 꽤 유명했던 레스토랑에서 그때 한참 날리던 드라마 작가의 남편인 대학 선배를 원고료인지 때문에 만나러 간다던 남자 친구는 내 블라우스를 보면서 동물 중에 코끼리만 꿈을 꾼다고 말했다.

결혼하고 나서 얼마 되지 않아 어머님이 내 옷들을 사촌 시누이들에게 주라고 했을 때, 나는 옷을 다 내 주면서 작은 코끼리를 은색으로 수놓은 그 블라우스는 남겨두었다. 수십 년이 지난 지금은 여름이면 내가 가까스로 지킨 은색 코끼리 블라우스를 딸이 한 번은 입어준다. 친구들은 옷 이야기만 나오면 '꿈을 꾸는 코끼리'를 평생 우려먹는 내게, 대학을 갓 졸업한 이십 대인 며느리에게 '이제 중년 부인'이니 더는 그런 옷들을 입을 일이 없다시며 다 내다 놓으라는 시어머니보다 돌아가신 어머니가 사준 좋은 옷들을 곧이곧대로 다 내준 내가 그 당시 정신적으로 더 심각한 상태였던 것 같다고 한다.

그 좋은 옷들을 다 내주면서 '유일하게'(그때의 내 '코끼리 지키기 프로젝트'에 대한 표현 치고는 적절하거나 정확한 표현 같지 않음) 지켜낸 작은 은색 코끼리 몇 마리를 평생 가슴에 품고 살아서인지 정월 초하룻날 밤에 코끼리 꿈을 꾸고는 마음이 자꾸 멀리 돌아간다.

내 은색 코끼리는 그때 어떤 꿈을 꾸었을까? 그때의 나는 어떤 꿈을 꾸었을까?

2021년 1월

아모르파티

아침 미사 시간에 성당에 가지는 못하고 책상 앞에 앉아서 '지금쯤 신부님이 박 프란체스카를 한 번 불러주시겠지' 하고 있는데 딸이 눈치 챘는지 "오늘 우리 꼬마이모 사고 친 날이네" 한다. "응, 낼모레는 우리 엄마 사고 친 날~" 하는데 눈 속에 있던 눈물이 툭 떨어졌다. 시간이 오래 지났는데도 나는 계속 같은 질문을 하고 있다. 그렇게밖에 할 수 없었던 건지, 왜 하필 가장 나쁜 선택이었는지. 그 사건의 가장 큰 피해자가 여덟 살 막내인 자기가 아니라 엄마 자신이라던 그 아이는 바로 그 가장 큰 피해자가 되는 길을 선택할 수밖에 없었던 건지.

정신이 멀쩡한데 숨이 가 버리는 스물여섯 번의 공포, 삶과 죽음을 갈피 짓는 갈림길에서 유일한 생명줄이 에피네프린 말고는 그 아이를 살릴 수 있는 다른 의료적인 방법은 없었는지 나는 지금도 그 상황을 잘 가늠하지 못한다. 우리 누구도 그 고통과 무서움이 어떤 무게인지 제대로 알지도 못하면서, "견뎌보자, 어떻게든 살아보자"라고 했다.

니체의 '영원 반복'(eternal recurrence '영원회귀'라는 번역도 있지만 '반복'이란 말이 더 마음에 들어서) 사상을 변주하는 게임 이론의 이야기가 마음에 와닿는다. '게임은 캐릭터가 죽고 나서도 다시 시작할 수 있고, 같은 상황에서도 다른 플레이로 더 나은 게임을 하면 다음 단계로 넘어갈 수 있다'[7]고 푸는 해석이 의로가 되어서다. 칼 구스타프 융은 꿈에 나오는 모든 인물이 다 꿈꾼 이의 일부라고 이야기하는데, 이 게임 캐릭터들이 모두 한 사람의 일부일 수 있을까? 융의 말대로, 우리는 그렇게 조금씩 앞으로 나아가고 있는지도 모르겠다. 이번 생에서 다음 생으로, 그리고 다시 그 다음 생으로 우리는 조금씩 성장하며 삶을 다른 방식으로 반복해 나가고 있는 게 아닐까? 나는 그렇게 믿고 싶다.

늘 같은 것이 반복된다는 니체의 '영원 반복'보다, 과거로 돌아가서 그 시점에서 '다르게' 다시 시작하는 「어바웃 타임」[8]이나, 매일 아침 어제와 같은 하루를 반복적으로 시작하면서 주인공이 원하는 대로 어제보다 더 나은 사람으로 변해가는 「사랑의 블랙홀」(*Groundhog Day*)[9]을 더 좋아한다. 우리 삶을 더 잘 설명

---

7) https://afool.tistory.com/104 참조.
8) 그러나 「어바웃 타임」에서 과거로 돌아갈 수 있는 주인공은 영화의 마지막에 이르러 시간 여행을 더 이상 하지 않기로 결정한다. 최선을 다해 산 매일의 순간들이 어떤 반복보다 아름답다는 것을 깨달았기 때문이다.
9) Groundhog Day는 성촉절(2월 2일)을 뜻하는데, 동시에 **변함없이 반복되는 일**을 의미하는 말이기도 하다.

하는 것 같아서다.

삶의 매 순간에 최선을 다해 살고 있다면, 그런 우리에게는 다음 라운드가 허락되는 게 아닐까? 불꽃같이 살다 간 그 아이 역시 다음 게임에서 더 좋은 플레이를 할 수 있을 것이라 믿는다. 어쩌면 영리한 그 아이는 이번 생은 망했으니 다음 생에서 더 나은 게임을 해볼 심산이었을까? 진정, 게임은 캐릭터가 죽은 다음에도 같은 게임을 다시 시작할 수 있음을 알았던 걸까?

우리 셋 중 특출나다 했던 그 아이는 더 높은 신분의 신선이 되기 위해 인간계로 와서 걸핏하면 숨이 가 버리는, 우리가 상상할 수 없는 고통의 '겁'을 겪고 홀연히 돌아간 거였을까? 넷플릭스에서 수백억 뷰를 기록하고 있다는 「삼생삼세십리도화」를 너무 많이 봤나 보다.

다음 생에서 내가 또다시 같은 상황을 맞닥뜨린다 해도 아마 이번 생보다는 좋은 선택을 할 수 있지 않을까 스스로 위로한다. 다음 생이 이번 생처럼 힘든 상황이어도 나는 그럼에도 불구하고 최선을 다할 게 틀림없기 때문이다. 다음 생에 우리가 다시 만나면 동생에게, 엄마에게, '힘들어도 살면서 매 순간 최선을 다하다 보면 내일은 오늘보다 조금은 더 좋은 날이더라'고 알려줄 수 있을 것 같다. 두 사람보다 내가 오래 살았으니 참고 버티는 신공이 내가 좀 더 나을 것 같아서다.

다음 그리고 또 그다음 생이 있다면 그 생에는 동생과 엄마를 잘 설득할 수 있을 것 같다. 다음 생에 설령 삶이 또다시 우리를 슬프게 하고 그 삶 전체가 절망이 되더라도 매 순간 함께 최선을 다하면서 절망 대신 도전으로 우리의 운명을 사랑할 수 있을 것 같다.

　엄마 더 사랑할게요, 다음 생에 도중하차는 없기에요. 우리의 다음 생을 위해, 아모르파티(Amor Fati 運命愛)!

2021년 4월

전람회의 그림
그리고 고향의 노래

　野峴 최태용 전, 「길에서 線을 찾다」를 천천히 돌아보았다. 최선생님의 맑은 수묵화 작품들과 그 그림들 거의 전부에 빠지지 않고 들어있는 테라코타의 따뜻한 느낌이 내 눈엔 좋았다. 그분이 건축가이기도 하다는 경력 때문이었는지 오 교수님과 헤어져 오는 동안, 그림을 볼 때 떠올랐던 무소륵스키의 「전람회의 그림」이 계속 마음에 남아서 그 느낌을 놓지 않으려고 차를 타지 않고 좀 더 걸었다.

　건축가이며 화가이던 절친 빅토르 하르트만이 요절하자 무소륵스키는 그의 추모 전시회에 걸린 작품들을 보고 열 개의 주제로 피아노 독주곡을 만든다. 바로 그 작품이 「전람회의 그림」인데 나는 개인적으로 라벨의 관현악 편곡을 좋아한다.

　미술대학 입시를 준비하던 동생이 입시가 일 년도 안 남은 시점에 음대로 진로를 바꿨다. 그동안 첩들이 들락거렸어도 다들

어머니를 형님으로 대했었는데 다른 첩들과 달리 아이 업고 들어왔던 그녀는 결국 어머니를 돌아가시게 했다. 그녀는 어머니가 세상 버린 다음 자기 언니와 같이 와서 마당에 꿇어앉아 죽을죄를 지었다며 용서해 달라고 빌더니 얼마 후 다시 우리 집으로 들어왔다.

비틀스의 존 레논이 오노 요코에 미쳐서 그녀를 집으로 불러들였을 때 동료인 폴 메카트니가 레논의 아들을 위로하려고 만든 「헤이 쥬드」라는 노래가 있다. 내게는 별로 위로가 되지 않았다. 기숙사 친구들과 명동 성당 맞은편에 있던 '크로이첼'에 거의 매일 가서 한두 시간씩 음악을 듣다 오고, 그때만 해도 귀하던 세종문화회관의 연주회에 자주 갔지만 동생이 성악과로 진학하는 건 싫었다. 그때는 피아노 소리와 찬송가 소리에 치를 떨었으니까.

그런 판에 동생이 성악을 하겠다고 선언했고 내가 반대했다. 아버지 첩이 성악을 하는데 성악과라니, 미친 줄 알았다. 그림 공부를 오래 해왔고 그쪽으로 소질도 있어 보여서 개인지도를 해주던 미술 선생님도 아까워했는데. 그러나 원래 한 고집하는 동생은 주말마다 서울로 레슨을 받으러 다니더니 성악과에 입학했다.

그 후, 40년도 더 넘게 노래를 부르던 내 동생 박데레사는 화가의 꿈을 접을 수 없었던지 어느 날 예술의전당 미술 강의에 등록하면서 다시 그림 공부를 시작했고 결국은 화가가 되었다.

나는 동생이 그린 모네 풍의 풍경화도 누드화도 다 좋아한다. 그 오랜 세월 동안 동생이 일 년에 몇 번씩 연주회를 할 때마다 내가 갖다 바친 꽃이 한 트럭은 넘지 싶다. 심지어 편도선 수술을 하고 퇴원한 다음 날 있던 연주회에도 꼭 참석해야 한다고 해서 여의도까지 운전해서 꽃다발을 들고 갔다. 편도선염이 낫지 않아서 수술을 받은 직후 부어오르는 목을 가라앉히느라 동생이 1리터짜리 아이스크림을 몇 통이나 사다가 쉴 새 없이 먹이긴 했다.

지금은, 동생이 그린 유화 작품을 내 휴대폰 배경 화면으로 바꿔가며 넣고 다닌다. 문득 그런 생각이 든다. 어떻게든 그림을 하는 게 옳았다는 말을 하고 싶은 건가?

그런데 동생은 지금도 노래를 부르고 있고 그것이 일상이라 그림에서 성악으로 전공을 바꾼 데 대한 시비를 하기는 좀 그렇다. 그런데도 성악을 한 건 못마땅하다. 저한테 지는 내 고집이지만 그래도 옛날 생각을 하면 밉다. 성악 공부를 하는 동안 동생은 내가 좋아하던 남학생 이름이 가사에 들어있는 이태리 가곡을 종일 부르고 다니면서 나를 놀리기도 했는데 노래 숙제를 하는 거라 어쩔 수가 없었다. "루제도제 오도라제" 뭐 그렇게 시작하는 곡이었는데 가사 속에 그 남학생 이름과 성이 다 들어있다. 얼마 전, 내가 혼자 흥얼거리고 있었더니 동생은 노래는 기억하는데 노래 제목은 기억나지 않는다고 했다. "그 노래 「레 비올레떼」야", 일 년 반 만에 다니러 온 성악을 공부하는 조카 영은이가 제목을 가르쳐주었다. 노래도 불러주면서. 그 노래는 알

레산드로10) 스카를라티의 「레 비올레떼」(제비꽃)였다.

 그러나 음악을 했다그 미워할 수만도 없는 게 막냇동생도 세상 떠나기 얼마 전까지 오래 성당 성가대를 지휘하고 반주를 했다. 막냇동생의 두 딸이 다 성악을 전공했고 아직 박사과정을 끝내지 못하고 있는 큰아이 영은이는 화려한 기고를 발휘하는 콜로라투라 소프라노이다. 나는 카카오톡에 그 아이를 '프리마 돈나'로 입력하고 있다. 영은이는 새 오페라의 프리마 돈나를 맡으면 내게 공연 전 드레스 리허설 동영상을 보낸다. 딸아이도 공부하는 동안 셰필드 시내에 있는 주교좌성당의 성가대에서 소프라노를 했다. 귀국해서 서울에서 네 대학, 성남과 강원도 춘천까지 여섯 대학에서 일곱 과목을 가르치는, 극한 직업, 시간 강사로 뛰어다니는 동안, 명동성당 로고스 합창단의 소프라노로 몇 번의 공연을 했다. 그래서 이제는 동생이 성악을 했다고 뭐라 할 수가 없긴 하다.

 한 십 년 전만 해도 동생과 나는 가을이면 '가을맞이 가곡의 밤」 같은 연주회를 자주 다녔다. 가을이 하는 「가곡의 밤」 연주회에는, 가사에 '국화꽃'과 '함박눈'이 들어있는 「고향의 노래」가 늘 들어 있다. 동생이 내가 마스카라를 칠했음을 거듭 주지시키는데도 노래 시작과 동시에 울컥하기 시작해서 끝날 때쯤은 통곡을 한다. 지금 돌이켜보면 '고향 노래'를 핑계로 일 년 동안

---

10) 스카를라티 집안의 많은 스카를라티가 작곡가 지휘자 오페라 가수 등, 음악가들이다.

참고 있던 울음을 다 울려고 일부러 가을 「가곡의 밤」을 찾아다녔는지 모른다는 생각도 든다.

어릴 때 동생은 걸핏하면 커다란 눈에서 눈물이 툭 떨어지곤 했는데, 나는 좀 매정한 편이어서 눈물을 잘 흘리지 않는 아이였다. 울 일이 별로 없어서 그랬는지도 모른다. 그런데 어른이 된 다음은 이야기가 전혀 다르다. 걸핏하면 운다. 그중에 특히 「가곡의 밤」은 늘 문제였다. 어머니 별세 미사를 드릴 때는 남편이 같이 가서인지 웬만큼 참고 잘 안 우는데, 「고향의 노래」가 나오면 통곡을 한다. 참다가 통곡은 연주회가 끝나고 하지만 눈 화장은 이미 초상난 꼴이다. 아마 그 '고향'이 아버지이고 어머니이고 행복했던 내 어린 시절이어서 그렇지 않았을까? 그 행복을 빼앗은 그녀는 행복할까? 그녀도 나처럼 가끔 울까?

지금은 동생이 「가곡의 밤」에 나를 데려가지 않는다. 대신 우리는 가끔 인사동에서 만나 갤러리 두어 개를 돌면서 전시회를 보고 경인미술관에 들러 동생이 좋아하는 뜨거운 대추차를 같이 마신다. 뜨거운 걸 잘 못 먹어서 종종 입천장을 데는데도 이제는 나도 인사동에서는 대추차다. 나이 들어서인지, 바로 마음에 와 닿아 나를 흔들어 놓고 마는 가을맞이, 봄맞이 「가곡의 밤」보다 무소륵스키의 「전람회의 그림」에 나오는 '프롬나드(산책)'처럼 천천히 돌아보는 전시회가 좋다.

2018년 11월

3

장미의 이름 '기쁨'

Poverty Porno

비틀스의 멤버들 중 가장 어린 조지 해리슨은 1970년 비틀스가 해산하자 그다음 해 뉴욕에서 방글라데시의 기아 퇴치를 위한 콘서트를 연다. 밥 딜런, 에릭 클랩튼 등이 같이한 이 캠페인이 유명 인사들을 내세워서 하는 기아 퇴치를 위한 캠페인 방송의 시작이 되었다고 한다.

유명인이나 연예인이 참혹한 상황의 아이들을 데리고 나와서 그 아이들을 도와달라고 캠페인을 벌이면 후원금이 수억 달러씩 들어온다고 한다. 어떤 사람들은 이런 캠페인을 가리켜 가난을 상품화한다는 뜻으로 'poverty porno'라는 말을 쓴다. 그들이 왜 그런 말을 하는지 이해하지 못하는 건 아니지만 대안을 제시하지 못하면서 비난하는 건 옳지 않다는 생각이다. 굶는 아이들을 위한 후원금이 수억 달러씩 들어온다는데 다른 어떤 이유가 필요할까?

시름시름 앓다가 한 한 달 정도는 죽을 만큼 아팠다. 답답한 딸이 양배추를 데쳐 즙을 해주기도 하고 감자를 갈아서 믈을 마시게도 하고 애를 쓰고 있었는데도 종류대로 사 온 죽도 먹을 수가 없었다. 중간에 건강 검진을 하고 결과를 보고 나서 진료를 받을지 결정하자는 거였는데 혼자 병원에 갈 수 없는 형편이 될 때까지 굶고 있었다. 그냥 참아본다는 것이 점점 더 아프고 견디기 힘든 정도가 되고 말았다.

참 이상했다. 자꾸 어머니가 꿈에 보였다. 심장성천식으로 힘들어하던 막냇동생 신영이가 '정신은 멀쩡한데 숨이 가 버리는' 스물여섯 번의 응급상황을 더 이상 견디지 못하고 마흔다섯에 세상 놓을 때, 어머니가 내 침대에 같이 누워있는 꿈을 꿨었다. 슬픈 꿈에서 깼을 때, 남편에게 '엄마는?' 하고 묻기도 했다. 그 생각이 나서, 어머니가 이번에는 날 데리러 왔나 싶었다. 그러다 집으로 건강검진 결과가 오고 수치들이 잘못 나왔나 싶을 정도로 높게 또는 낮게 나왔을 때에야 놀라서 병원에 갔다.

많이 아플 때 늘 하듯이 젊은 선생님에게 죽는지 물어보았다. 수액으로 씻어내면 다시 신장이 회복될 수 있다는 대답을 듣고 나니, 이렇게 죽나 보다 하면서 그동안 참아온 견디기 힘들었던 복통과 두통이 억울했다.

갑상선암 수술 후 4년 정도 되었을 때 그동안 먹고 있던 칼슘이 흡수가 잘 안 된다며 내분비 내과에서 늘려준 비타민 D 때문에 급성신부전이 왔던 것 같았다. 처방대로 나는 비타민 D를 배로 늘려서 먹고, 검사도 계속 했는데, 바쁜 선생님은 그동안 검사상의 내 칼슘 수치를 확인하지 않았던 걸까? 입원 후에야 병동 간호사실에서 내 상태를 브리핑해 준 전공의로부터 어떻게 된 건지 들었다. 그동안의 점점 높아지는 칼슘 수치가 나와 있는 그래프를 내 눈으로 확인하고 나서야 반년 가까이 오리야 기리야 하던 내 상태를 이해할 수 있었다. 담당의사는 그래프를 아예 안 봤던 걸까. 나는 그냥 죽을 때가 된 줄 알았다.

식품영양학과 교수인 김선희 친구가 비타민 D라는 난해한 약의 기전을 찾아봐 주고 계속 내 상태를 체크해 주었다. 비타민 D는 몸 밖으로 나가는 칼슘까지 도로 신장으로 가져다 쌓는 일도 한다는 것이다. 치료하는 동안 친구가 논문들을 찾아봐 준 덕분에 근 6개월간의 죽어가는 것 같던 그 힘든 느낌이 무엇 때문이었는지 알 수 있었다. 칼슘을 흡수시키는 데는 비타민 D만 한 것이 없긴 한 모양이었다.

신장에 가득 찬 칼슘 때문에 신부전이 진행되는 줄 모르고 만사가 귀찮아서 '안식년'을 하겠다며 소모임 단톡방들을 다 탈퇴하고 더 이상 글을 쓰지 않았다. 정확하게 말하면 글을 쓸 수 없었다. 아예 스스로 죽는 시나리오를 만들어 놓은 담이라, 죽는 걸 기정사실로 하고 보니 죽기 전에 누굴 만나기가 싫었다.

굶는다는 게 어떤 건지 몰랐다. 내가 운이 좋았는지 부모를 잘 만나서였는지 자랄 때 굶어본 적은 없다. 굶기는 아버지보다 첩들 들여놓는 아버지가 더 나은 걸까? 그럴지도 모른다는 생각이 들긴 한다. 굶으면 죽으니까.

 어른이 되어서는 내일 눈 뜨지 말았으면 하는 기도밖에 할 수 없을 때 굶었다. 그것 말고 할 게 없었으니까. 숨이 막힐 때 굶는 게 버릇이 되었다. 이틀 사흘 굶는 건 보통이었는데 어느 때, 어떻게 해도 견딜 수가 없어 열흘 동안 계속 굶은 적이 있다. 내가 다른 짓을 못하도록 나를 굶기는 거다. 그러다 열흘간의 단식은 의도치 않은 사고로 끝이 났다. 내가 죽을 만큼 힘들어도 식구들 밥은 먹여야 했으니까 이층에서 쌀을 가지고 내려오려다 나무 계단 위에서 쌀그릇을 놓치고 아래층으로 굴러떨어졌다. 계단을 구르고 나서 정신을 잃은 게 아니라 정신이 들었다. 내 공황 상태 열흘 동안 아이는 어쩌고 있었을까? 어릴 적 우리 어머니는 안 먹는 걸 무기도 유세 떠는 어린 딸을 하루 정도는 굶길 수 있어야 했다. 괴롭다고 굶다니, 그것도 열흘씩이나.

 복통 때문에 거의 아무것도 먹지 못하고 물만 마시고 있었던 근 한 달 동안, 복통에 두통까지 몸이 괴롭다 보니 마음도 슬프고 힘들었다. 그런데 이상했던 건 정말 이렇게 끝나는 것도 나쁘지 않다는 생각이 들었다는 거다. 이번에 죽지 않고 이 힘든 복통과 두통을 또 겪으라면 못하겠지만 한번은 못할 것도 없지 싶었다.

 오래 호스피스 봉사를 하면서 병원에서 만나오던 많은 말기 환자들이 임종하는 모습을 봐와서인지 내 마지막이 이 정도면 괜찮은 거라는 생각을 했다. 통증지수 10 중에 7, 8이라 하던 그 사람들은 도대체 얼마나 아팠던 걸까? 건강검진 결과를 보고 가정의학과로 가서 내게 면역억제제와 스테로이드를 처방하는 류머티즘 내과를 거쳐 신장내과로 갔을 때 입원을 망설이는 내게 젊은 의사는 며칠간 매일 2리터 정도의 물을 마시면 씻어낼 수 있을 거라고 했다. 조금 더 마셔도 된다고 했던 것 같다. 그동안 물만 마셨는데 계속 죽을 만큼 힘들었다면 물을 마시는 것만으로는 충분치 않다는 생각이 들기는 했다.

  갑상선암 수술 후 일 년 정도 되었을 때 방사선 동위원소 치료를 했다. 작은 핵을 한 알 삼키고 폐쇄병동에서 하룻밤을 보냈다. 핵을 삼킨 후에 잠들 때까지 물을 마셔서 씻어내야 하는데 이 과정에 물을 너무 많이 마셔서 전해질이 깨지면 일이 복잡해진다고 해서 물 사이사이에 이온 음료를 마셨다. 그 생각이 나서 아픈 동안 물만 계속 마시면서 불안했었다. 친구가 물 2리터에 소금을 한 티스푼 정도 넣어서 마시라고 했다. 그때쯤 죽을 것 같이 괴로워서 결국은 입원을 했다. 병원에 입원해서 며칠 동안 수액으로 칼슘을 씻어내고 살아났다. 신부전과 고칼슘 혈증으로 인한 복통과 두통을 내가 확대 해석해서 사망 시나리오로 만든 거였다. 너무 아팠으니까.

  아프리카 어디다. 피골이 상접한 어린 소년이 먹을 걸 얻기 위해 남의 집 밭일을 하러 간다. 누나가 동생을 기다리다 못해 이웃의 고구마밭에 가서 고구마 이파리 몇 개를 사정사정해서 얻어다 물을 붓고 끓인다. 채 끓기도 전에 국물을 떠서 굶주림에

지쳐 맨땅에 널브러져 있는 삼촌에게 한 숟갈 떠먹이고 어린 동생에게도 먹인다.

정말 중요한 건 사람이 먹고 사는 일일 것이다. 굶는 아이들이 없는 세상을 만들겠다면 정권은 어떤 정권이어도 상관없다는 생각이 든다. 심리학자 매슬로(Abraham Harold Maslow, 미국의 심리학자, 1908~1970)의 욕구 단계(Maslow's Hierarchy of Needs) 중, 가장 하위 단계인 '생리적'(Physiological) 욕구와 그다음 단계인 '안전'(Safety)에 대한 욕구가 충족되지 않은 사람이 한 사람이라도 남아 있으면, 어떤 사람도 상위 단계로 못 올라가게 하는 법을 제정하면 어떨까? 죽을 만큼 힘들었을 때 나는 매슬로의 어느 단계에 있었을까? 5단계인 '자아실현'(Self Actualization)? 4단계인 '자존감'(Esteem)? 3단계인 '소속과 사랑'(Belonging and Love)? 나는 그때 2단계나 1단계를 벗어나지도 못했던 건 아니었을까? 아니 나는 나 자신을 무슨 억하심정으로 그곳에 방치했던 걸까?

2018년 11월

덜 쾌적하게 하소서

 수국 이파리에 앉은 먼지를 호스로 깨끗이 씻어 내고 나니 기분이 좀 나아졌다. 엊그제 갑자기 어금니 조각이 떨어지는 바람에 치과에 갔다. 교수님은 내가 습관적으로 이를 악물어서 아랫니 안쪽에 뼈가 자란다며 마우스피스 같은 장치를 처방해 주었다. 내가 이를 악물긴 하는 것 같았다. 옛날 생각날 때마다 그러는 건지 어금니가 깨질 정도로 악물다니. 어금니를 뽑고 임플란트를 하거나, 신경치료를 몇 번 한 다음 잇몸을 잘라내는 수술을 하고 크라운을 씌우거나 둘 중 하나를 해야 된다고 했다.
 신경치료를 하느라 건드려 놓은 이빨이 마취가 풀리면서 아팠었는데 자고 나니 견딜 만했다. 그런데 통증이 좀 나아지자 이젠 한 달 후에 할 잇몸 수술이 걱정되기 시작했다. 내가 유독 운이 없었는지 어디를 수술할 때 나쁜 일들이 일어나곤 했기 때문이다. 마음이 불편할 때 보통 온 집안을 쓸고 닦는데, 오늘은 온 집안을 다 닦고 부엌 옆 창고 방까지 다 정리했는데도 일을 더 할 수 있을 것 같았다. 아이도 아니고 불안한 걸 못 견디는 어른이라니, 도무지 불안을 견딜힘이 내 속에 없는 거다.

호스를 발코니로 풀어 내면서 '집수리할 때 마루 밑으로 수도를 뺐어야 했는데'를 되풀이했다. 호스로 그동안 분갈이를 할 때 조금씩 떨어진 흙부스러기들을 찾아내가며 바닥 타일을 깨끗이 씻어냈다. 초여름 오후, 맨발에 닿는 젖은 타일 바닥의 느낌이 상쾌했다. 화초들도 화분이 넘칠 때까지 물을 흠뻑 주었다. 며칠 동안 깨져서 떨어져 나온 어금니 조각에 주인이 정신이 팔려있는 동안 열어둔 창문으로 들어온 먼지가 내려앉아 뽀얗게 된 이파리들도 씻어주고 화분들도 손으로 문질러가며 다 씻어주었다. 테라코타 화분들은 젖으면 밝은색이 된다. 젖은 황토색이 좋아 물이 마르면 몇 번이고 화분 겉을 적셔주면서 바깥 창문까지 물청소를 하느라 수돗물을 두어 시간은 틀어놓고 있었던 것 같다.

불안한 마음을 다스리느라 종일 난리를 치고 나니, 집 안이 깨끗해져서 기분은 조금 나아졌다. 소파에서 잠시 쉰다는 게, 남편이 무슨 낮잠을 밤잠처럼 자냐며 깨울 때까지 정말 밤잠처럼 자다가, 잠결에 뉴스에서 쩍쩍 갈라진 논바닥을 보고는 호들짝 잠이 깼다.

어릴 때 외갓집에서 자는 날이면 외삼촌이 학장국민학교 가는 길옆에 있던 반듯한 사각형의 논 스무 마지기에 물을 대느라 밤중에도 새벽에도 들락거리던 생각이 문득 났기 때문이다. 외할머니는 그 스무 마지기 옥답 한 자락, 딱 반 평에 일부러 심는 차나락으로 찹쌀 찐득이(찹쌀로 만든 찐쌀)를 만들어, 대학 때도 서울

141

오는 인편이 있으면 하숙집으로 한 자루씩 보내셨다. 내가 오늘 발코니 타일 바닥에 쏟아부은 물이면 논 열 마지기는 물을 댈 수 있었을 것이다. 미안하다.

나는 빨래도 거의 강박적으로 한다. 류머티즘을 다스리는 면역 억제제 때문에 유난을 떠는 면도 없잖아 있지만 원래 깨끗하지 않은 걸 못 참는다. 아버지가 깨끗하지 못하다는 건지, 아버지한테 화나는 걸 왜 엉뚱한데 대고 성화인지. 어쨌든 강박이다. 흰 빨래와 색깔(대체로 검은) 빨래를 이틀 걸러 하는데 이불 빨래는 그 사이사이에 한다. 깨끗하고 쾌적한 환경 설정이 내가 가족을 위해 해내야 하는 지상 명령 내지는 과제인 것처럼.

아프리카 정글 속의 한 부족은 아이들이 독개미 독에 쏘이는 고통을 참아내는 것으로 성년식을 시작한다. 갑자기 손이 오그라드는 것 같은 통증이 느껴질 정도로 생생한 TV 다큐 방송을 봤다. 우리도 조선시대까지 성년식이 있었는데, 남자는 스무 살에 관례(冠禮)를 하고, 여자는 열다섯 살에 계례(筓禮)를 했다. 사람들을 불러놓고 잔치를 벌이면서 머리를 올리는 의식인데, 아버지가 가장 존경하는 사람을 청하여 관례의 진행을 부탁하고 그분에게서 남자들은 자(字)를 받는다. '자'가 없으면 관례를 하지 않은 것이다. 여자는 '자'를 받지 않았으나 허초희 난설헌(蘭雪軒)이 경번(景樊)이라는 '자'를 가진 것을 보면 허균의 집안에서는 딸을 아들과 동등하게 키웠던 것 같다. 그러나 성년식에 해당하는 우리의 관례는 잔치가 전부였다.

정글의 아이들이 아직 어릴 때 하는 이 '어른이 되는 의식'에서, 독침에 찔리면 벌에 쏘이는 것보다 백배는 더 아프다는 독개미들을 키워 넣은 장갑 안에 손을 넣는다. 그들은 우리와 비슷한 옷을 입고 머리를 노랗게 물들이기도 하지만 전통을 소중하게 지킨다. 어른들은 장갑 속에 손을 넣을 아이들의 손목에 그림도 그려주고, 독개미에 쏘인 후에 손을 담가서 통증을 완화시킬 약초탕도 끓인다. 극심한 고통을 견뎌내고 성년식을 치른 아이들은 마을의 가장 높은 어른과 같이 차를 마실 수 있다.

부모뿐 아니라 온 마을이 그런 의식을 통해 아이들이 자존감을 가질 수 있게 하고 살면서 어려운 일을 당했을 때 잘 견디고 이겨낼 수 있도록 어른이 될 준비를 시키는 것이다. 전통이 평생의 스승이라는 상징으로 승화되는 것이다. 전통을 지키는 부족에게 내리는 상인지 영국의 학자들은 독개미의 독 속에 그들이 정글의 절대 가난과 위험 속에서도 평균 수명이 80세가 될 수 있게 하는 유익한 성분이 들어 있다는 것을 밝혀내기도 했다.

우리는 아이가 어려움 없이 편안하고 행복하게 살게 해줄 생각만 한다. 아이가 스스로 불편함을 참고, 어려움을 견디고, 문제를 해결할 수 있도록 맡겨두지 않는다. 어떻게 해도 세상이 항상 편안하고 행복할 수간은 없음을 살면서 배웠는데도.

많이 불편하고 많이 부족하게 살 자신은 없다. 독개미도 너무 아플 것 같다. 그러나 주님, 적어도 이제는 우리 아이들을 위해 조금은 덜 쾌적함을 견딜 수 있게 하소서.

2017년

장미의 이름 '기쁨'

성당에 다녀오는 길에 꽃시장 앞에서 버스를 내렸다. 차 없이 나오길 잘했다 하면서 꽃 사이로 시장을 몇 번 돌다가 장미꽃 화분이 가득 놓인 가게 앞에서 꽃봉오리가 예쁜 화분에 걸려있는 이름표를 발견했다. 'Freud'라 적혀있는 이름표에는 괄호 속에 '기쁨'이라는 우리말도 있었다. 장미꽃 가지에 걸어둔 이름표를 보면서 딸이 공부하는 Freud가 언젠가는 '기쁨'까지는 아니더라도 좀 편안한 학문이 되었으면 좋겠다는 생각을 했던 것 같다.

딸에게 대학에서의 전공과 상관없는 정신분석 관련 책 70권을 던져주고 남편이 석 달간 외국의 한 대학에 가 있는 동안, 아이는 그 책을 다 읽어내느라 허리를 다쳤다. 이십 년이 넘은 지금도 허리 디스크로 힘든 아이는 아픈 허리보다 더 불편한 정신분석학이라는 학문에 대한 책을 쓰고 가르치느라 행복해 보이지 않는다.

　딸이 공부하는 동안 내가 하는 색채 일 때문에 런던에 갈 때는 딸아이가 있는 도시에 들렀다 오곤 했는데, 공부하는 동안 아이는 다친 허리 때문에 매일 새벽 기숙사 근처에 있는 수영장에 다니고 있었다. 여전히 누워서 책을 보고 있는 아이와 관련된 이야기가 근처 도시에서 유학하고 있는 한국 학생들에게 알려졌었는지 고등학교 때 우리를 가르치시던 영어 선생님께서 아들한테 들었다며 아이 안부를 물었었다.

　언제쯤이었는지 남편이 다른 대학 교수 몇 분과 교육문화회관에 모여 앉아서 프로이트 전집을 영어책으로 읽고들 있을 때였다. 다 저녁에 길에 차들이 많을 때 양재까지 데리러 오라고 해서 마포 살 때라 좀 오래 걸렸었는지 호텔에 도착했다고 전화했을 때 화부터 낸 적이 있었다. 나는 정신분석학이라는 학문이 교수들이 일부러 시간을 내어 호텔 방에들 모여 앉아 공부할 정도로 대단히 심오한 학문인 줄만 알았지 공부하는 동안 아이가 그렇게 힘들어할 줄 몰랐다.

　애초에 아이는 대학 과학교육과에서 생물교육 전공으로 교생실습도 나갔었다. 그래서 당연히 교사가 될 줄 알았다. 아이가 임용을 기다리는 중에 남편이 외국 대학에 일 년 가 있게 될 거 같다고 했는데, 어느 날 갑자기 내게 자기가 하고 싶었던 공부를 "떠오르는 태양" 어쩌고 하면서 아이에게 시키겠다고 했다. 그때 방학 동안에 다른 외국 대학에 가면서 던져주고 간 책 70권을 읽느라 허리를 다친 아이는 평생 안고 갈지도 모를 장애가 생겼다.

정신분석학을 공부하러 영국에 가 있는 동안 딸아이한테 가면 아이는 사흘 나흘 울다가 내가 돌아올 때쯤, 그렇게 힘들면 같이 나가서 원하는 공부나 일을 하자고 쉽게 말하는 내게 아빠가 하라고 하셨으니 이유가 있지 않겠냐고 하면서 '엄마, 조금 더 견뎌볼게요'라 하곤 했었다. 그때가 석사를 끝냈을 때였다. 박사과정 첫해에 IMF 장학금까지 장학금 두 개를 받게 되자, 이제는 발목을 잡힌 것 같았는지 가까스로 추스르는 것처럼 보이기도 했었다. 우리 집은 아빠가 교수라 IMF 영향을 덜 받으니 장학금 한 개는 다른 학생에게 주라고 돌려주었다는 전화를 했을 때, 아이는 여전히 우울했다.

그때 아이가 좋아하는 어학이나 영화 같은 다른 길을 선택할 수 있었으면 나도 하는 일이 달라질 수 있지 않았을까 생각할 때가 있다. 어릴 때 아빠 연구년에 따라갔을 때, 학교 친구들과 금방 잘 어울렸고 적응을 잘해서 내가 처음 아버지와 약속한 대로 공부를 계속할 생각을 줄곧 하고 있긴 했지만, 시어머님, 시할머님 두 분 계신 집에 주부가 없는 것도 마음에 걸려서 그럴 수 없었다.

집에 올 때쯤, 친구들과 영어도 편하게 하던 딸이 남고 싶어 한다는 걸 알았지만 비행기에서 내리기 전에 우는 걸 보면서야 내가 우겨서라도 그곳에서 공부를 계속할 수 있게 할 걸 하고 후회했다. 후에 아이는 스스로 원하는 공부가 아닌 아빠가 원하는 공부를 억지로 하고 온 후, 시간이 많이 흐른 지금도 여전히 많은 회의와 의문 속에 힘들어하는 것 같다.

유학에 대해 한마디 말도 없다가, 현직에 있으면서는 일 년 연구년 동안 원하는 공부를 제대로 할 수가 없다고 생각했는지, 딸이 취직을 준비하는 동안 테러처럼 일사천리로 유학을 결정했다. 아직 그 70권을 읽어내느라 다친 허리가 낫지 않은 상황이었지만 아픈 허리 때문이라면 일 년 후에 와도 된다는 학교 측의 양해가 있기도 해서, 일 년이 지난 후에도 여전히 허리가 낫지 않은 아이를 비행기에 태웠었다.

학위를 받고 와서 몇 년 동안 일고여덟 학교에 나가며 강의를 할 때도 힘들어 했다. 스스로 원해서 한 공부가 아니어서 공부하는 동안에도, 교수로 임용된 다음에도 늘 힘들어 보이던 딸이 언젠가 자기가 좋아하는 일을 하면서 일도 삶도 즐겁고 행복했으면 좋겠다.

며칠 뒤, 내 발코니 정원에서 꽃송이를 가득 피운 장미를 들여다보던 딸이 내게 말했다. "독일어로 '기쁨'은 끝에 'e'가 있는데, 장미 이름표를 만든 사람이 마지막 철자를 빼뜨렸나 봐요." 했다. 딸도 이제는 철자가 빠진 '장미의 이름'을 바로잡듯이 그렇게 삶을 자기 것으로 만들어 가고 있는 게 아닐까

2024년

날은 저문데 갈 길은 멀고

초등학교에 입학한 지 며칠 되지 않았을 때, 아이가 선생님이 때렸다며 울고 들어왔다. 글자를 못 읽는다고 선생님이 막대기로 머리를 때렸다고 하는데 아이 머리에 혹이 나 있었다. 아이를 안고 달래면서 가슴이 펄럭거리는 걸 진정하느라 한참을 쩔쩔맨 다음에 담임에게 전화를 걸었다. 저녁에 잠깐 시간을 내달라는 말에 그녀는 자기가 한 짓이 있어서인지 중앙로터리에 있는 양식집에서 만나자고 했다.

동화책을 수십 권씩 줄줄 읽는 아이가 글자를 못 읽는다는 생각을 하지 않았던 나는 머리를 맞고 온 아이보다 더 세게 머리를 얻어맞은 것 같아서 그 상황이 당혹스러웠다.

아이가 더 어릴 때는 오줌을 저절로 가릴 때까지 억지로 하게 하지 말라고 해서 예민한 아이가 '엄마 불편해' 하면 옷을 갈아 입혔다. 자기가 어릴 때, 오줌을 쌀 때마다 어머니께 혼이 났던

지, 남편의 이상한 지침이 마음에 들지 않았지만, 나는 아이가 스스로 "엄마, 쉬" 할 때까지 기다려주었다.

부산 외갓집에 갈 디는 가방에 동화책을 넣고 가서 외할아버지 무릎에 앉아서 책장을 넘기며 줄줄 읽어드리고 할아버지께 상도 받곤 했다는 내 달에, 선생님은 아이가 시험문제를 못 읽어서 자기 반이 꼴찌를 했다고 하면서 딸아이 말고 '문맹' 상태로 입학한 아이가 한 명 더 있었다고 했다.

선생님이 막대기로 때려서 아이 머리에 혹이 두 개나 나 있고, 집에 와서 울었다는 말도, 그 학교 입학시험에 준하는 교장선생님 면접에서 1에서 10까지 써 보라는 말씀에 9 다음에 0을 쓰고 잠시 머뭇거리더니 1을 0 앞에 쓰는 바람에 교장선생님이 파안대소하셨다는 말도 하지 않았다.

저녁에 늦게 들어온 아빠에게 딸아이는 머리에 난 혹을 만져 보라 하고는 시험문제를 못 읽는다고 선생님이 때렸다고 일렀다. '글은 학교에서 가르치는 건데 그게 무슨 소리냐'며 친구들도 다 때렸는지 물어보는 남편에게 내가 한마디 했다. "당신이 맞을 걸 애가 맞았다"라고 했던 것 같다. 그때 남편은 그곳 대학의 국어교육과 교수였다.

시간이 흘러 서영이가 한글도 익히고 학교를 좀 좋아할 때쯤이었다. 학교에 간 아이가 올 시간이 넘었는데, 그리고도 버스가 서너 대나 더 지났는데도 버스에서 내리는 모습이 보이지 않았다. 동네 아이들에게 물어봐도 아는 아이가 없었다. 학교까지 뛰어갔지만 수업이 끝난 후에 남은 아이가 없다는 말만 들었다. 종종걸음으로 걸어서 집으로 오면서 여기저기 물어봐도 아는 사람이 없었다. 불안한 마음으로 집으로 달려왔는데 여전히 아이의 흔적은 없었다. 그렇게 한참을 더 창문에 붙어 서서 길 쪽을 보고 있다가 경찰서에 가야겠다 싶어 5층에서 계단을 뛰어 내려가는데, 3층 계단 중간에 아이가 앉아 있다가 "엄마~" 하더니 내가 안자마자 축 늘어졌다. 지친 아이를 안고 집으로 올라와서 세수를 시키는 둥 마는 둥 하고는 물 한 모금을 마시게 하고는 한참을 안고 재웠다.

 죽은 듯이 두어 시간 자던 아이가 깨더니 "엄마 배고파요" 해서 아무것도 묻지 않고 같이 늦은 저녁을 먹었다. 안아달라고 하지도 않는 애를 한참 동안 안고 있다가 따뜻한 물에 씻기고 나서야 학교에서부터 걸어왔다는 아이에게 차비를 잃어버렸냐고 물었더니 고개를 끄덕였다.

 학교에서 차비를 잃어버렸는데 친구가 자기 집에 가서 엄마에게 차비를 빌리자고 해서 친구 집에 같이 갔었다고 했다. 친구 엄마가 차비로 과자를 사 먹은 거 아니냐고 야단쳐서 그냥 나왔는데, 길을 몰라서 다시 학교로 가서 버스가 가는 길로 걸어가면 집에 갈 수 있을 것 같았다고 했다. 찻길로 걸어오면서 냇물에서 노는 오리도 구경하면서 왔는데, 저녁이 되자 무섭기도 하고 다리도 아팠다고 했다.

 아이가 설령 과자를 사 먹고 차비를 빌리러 갔더라도 학교에서 아파트까지 어린아이가 걸어가기에 멀다는 생각을 할 수는 없었는지 화도 나고 속도 상했지만 아이한테는 친구 엄마가 오해했나 보다고만 했다. 딸아이가 버스가 다니는 길로 집을 찾아온 게 처음은 아니었다.

다섯 살 때 피아노 학원에 다니던 어느 날, 아이가 올 시간에 버스 정류장에서 기다리고 있는데 한참을 기다려도 오질 않았다. 집에 가서 학원에 전화를 했더니 끝나고 바로 나갔다고 했다. 다시 버스 정류장으로 내려가는데 아이가 밝은 목소리로 엄마를 부르며 오고 있었다.

학원에서 나오는데 아저씨가 리어카에서 머리핀을 팔고 있었다며 예쁜 핀이 있어서 엄마한테 선물하려고 차비 할 돈으로 사고는 아파트 근처에 사는 학원 친구랑 둘이 버스 오는 길로 걸어왔다고 한 적이 있었다. 그때는 몇 정거장 되지 않아서 꼬물락거리며 걸어오면서 친구랑 노느라 힘든 줄 몰랐는지 손에 쥐고 있던 머리핀 한 쌍을 내밀며 의기양양했었다.

차비를 잃어버린 날은 학교에서 친구네 집에 차비를 빌리러 갔다가 다시 학교 앞으로 가서 버스가 다니는 길을 따라오느라 시간이 늦어졌던 것 같다. 버스가 지나가는 길을 따라 오는 과정은 같았지만, 집까지 거리가 먼 데다 가방도 무거워서 지치고 힘들었던 모양이었다. 엄마가 만들어준 하얗고 예쁜 교복 상의가 땀에 젖은 채 5층까지 올라오기가 힘들어 아래층 계단에 앉아 있던 지친 아이를 생각하면 어린 걸 그렇게 보낸 친구 엄마라는 사람은 도대체 어떤 어른이었는지 지금도 이해가 안 된다.

그 후 언제쯤, 늘 학교에서 늦게까지 공부하다 들어오는 남편이 일찍 들어온 날이었다. 부녀가 서재에 들앉아서 조용하길래 같이 노나 보다 하고 저녁 먹자고 들여다봤더니 아이가 방바닥에 엎드려 뭘 쓰고 있는지 그리고 있었다. 日暮途遠(일모도원)이라는 글자였다.

언제는 글자를 학교에서 배워야 한다며 억지로 가르치지 말라고 해서 아이가 입학하자마자 담임 선생님에게 막대기로 머리를 얻어맞게 하더니, 가까스로 한글을 읽고 쓸 수 있게 되자 데리고 앉아서 얼마 전에 딸이 '저녁이 될 때까지 집에 못 온 사건'을 두고 '날은 저물고 갈 길은 멀다'라는 해석을 해 줘가며 한자(漢字)를 한 자씩 쓰게 하는 중이었다. 아이는 서재 바닥에 엎드려서 日 자 暮 자 途 자 遠 자를 열심히 그리고 있었다. 처음 전임이 되어서 간 그곳 국립대학의 국어교육과에서 남편이 T.S. 엘리엇의 『황무지』, 박지원의 『虎叱(호질)』 등을 강의하고 있을 때였다. 아이는 그때 그 한자 그리기 놀이인지 공부인지가 힘들었는지 그 후 다시는 한자 공부를 하지 않은 것 같다.

어른이 되고 나서는 자기가 원하는 공부가 아닌 아버지가 원하는 공부를 해내느라 힘들었던 딸이, 이제 그 공부는 끝까지 온 것 같은데도 아직 잠시 쉬지를 못한다. 스스로 택하지 않은 짧지 않은 삶의 길 위에서 여전히 고단하게 걷고 있는 것 같다. 그러나 느린 한 걸음, 한 걸음으로 기어이 자신이 이르고자 하는 곳으로 통하는 길에 도착할 것이라 나는 믿는다. 다만, 이제는 그 길 위에서의 여정이 그되기보다는 여유롭고 기쁘고 행복하길, 그런 일상이 어느 날 선물처럼 찾아와 오래 함께할 수 있기를 기도한다.

  *마음에 지극히 통탄스러운 것은 날은 저물케 갈 길이 멀다는 것이다.
  (송시열이 80에 귀양 가서 쓴 글)

2024년 1월

무지개와 푸른 장미

　동생은 하나둘 사다 준 유리 동물들을 제 책상 위에 가지런히 세워서 유리 동물원을 만들었다. 다섯 살 아래 동생이 아플 때 내가 학교 앞 문방구에서 작은 유리 동물 인형을 사다주면 좋아했다. 사슴이었는지 노루였는지 조그맣고 투명한 유리 공예품이 예뻐서 사다 주곤 했더니, 유리로 만든 동물 인형들로 유리 동물원을 만든 것이다.
　이공대 한쪽을 쓰던 교양학부 시절을 들떠서 보내고, 본교에서 전공을 공부하기 시작했을 때, 이호근 선생님의 영시 강의를 좋아했다. 워즈워드의 "My heart leaps up when I behlod"[11]를 시작으로 키츠의 "Ode on a Grecian Urn"[12]을 멋있게 읽으시

---

11) 영국의 낭만주의 시인 William Wordsworth(1770~1850)의 시. 일반적으로 "The Rainbow"로 알려져 있다.
12) 영국의 낭만주의 서정시인 John Keats(1795~1821)의 그리스 항아리에 부치는 노래.

던 선생님 강의에 매료된 우리들이 학장실까지 선생님을 졸졸 따라다니던 모습을 떠올리면 그 그림이 예쁘다.

오래전 인용했던 색채 관련 내용을 확인하느라 다른 번역의 탈무드를 보다가 나는 내내 해결되지 않았던 「무지개」의 한 구절, "The Child is Father of the Man"의 'father'라는 단어가 히브리어로 '교사'라는 뜻이 있다는 걸 알게 되었다. 몇십 년 동안 명쾌하지 않던 '아버지'가 해결되었다고 할지, 그런 기분이 들었던 기억이 있다. 시인의 'father'라는 어휘가 다른 걸 의미했을지도 모른다는 생각을 안 했던 건 아니지만 찜찜한 느낌은 얼추 없어졌다고 할까.

『유리동물원』13)을 공부하던 언제쯤이었던 것 같다. 같은 고등학교를 나온 득문과 신채와 호상(虎像) 가는 길가에 있던 교수 식당에서 식사를 한 적이 있었다. 그 선배는 우리가 보통 가는 학생 식당에 가지 않고 교수 식당에서 밥을 먹었다. 선배는 그때 이미 신춘문예로 등단한 소설가여서 좀 특별했던 것도 같았다. 그날 우리는 빵을 수프에 찍어 먹는 간단한 메뉴를 시켜 먹었는데, 내가 갑자기 창문 밖에 피어있는 두 송이 푸른 장미를 보고 '블루 로즈'14) 라고 소리를 질렀다. 선배는 그렇다며 영혼 없는

---

13) *The Glass Menagerie*, Tennessee Williams(1911~1983)가 1944년에 발표한 첫 성공작.
14) 『유리동물원』에서 로라가 늑막염으로 결석을 하고 다시 학교에 나갔을 때 그녀가 좋아하던 소년 짐이 "pleurosis"(늑막염) 때문이었다는 말을 "blue roses" (푸른 장미)로 잘못 듣는다.

대꾸를 하고는 빵을 수프에 빠뜨렸다. 그날 나는 그 푸른 장미에 넋이 나가 『유리동물원』을 공부하던 벽돌장보다 두꺼운 영미희곡 교재를 잃어버리는 바람에 다시 사야 했다. 식당 건물은 검은 지붕의 단층으로 평수가 좀 큰 주택처럼 보였는데 바깥에 정원이 있었고 정원에는 빨간 장미가 피어있었다. 햇빛을 차단하기 위해서였는지 밖에서 보이지 않게 하려고 그랬는지 교수 식당은 유리창에 푸른색 필름을 붙여 안에서는 밖이 푸르게 보였다. 빨간색에 푸른색 필름을 대면 퍼플이 되어야 하는데 파랗게 보였던 건 그 필름의 푸른색이 강해서 장미의 빨간색을 덮어버렸던 것 같다. 그 해, 나는 장미가 지는 늦은 가을까지 푸른 장미를 보느라 교수 식당에서 '수프와 빵(숲빵)'을 먹었다.

 선배와의 인연은 선배가 딸 이름을 무슨 이유에선지 내 이름과 같은 '경화'로 지으면서 평생 이어진 건지도 모른다. 결혼 후 한 십 년이나 지났을까, 그녀를 거의 잊고 있을 때, 그녀가 대학 근처 우리 동네로 이사를 왔고 우리는 다시 만났다. 십 년 가까이 한동네 주민으로 소소한 일상도 서로 알 정도로 가깝게 지내던 우리는 선배가 이사를 가면서 또 한동안 만나지 못했다. 그러다 출판 베테랑이던 선배 남편이 암 치료를 받기 위해 내가 호스피스 봉사를 하는 병원에 입원했을 때 또 만났다. 골초인 선배가 병원 복도 끝 계단에서 담배를 피우고 있다가 담배 냄새를 따라 계단 문을 연 나와 마주친 것이었다.

 색전술 후에도 회생하지 못한 선배 남편이 돌아가시고 병원

장례식장에서 상주가 된 그녀를 만났을 때, 선배는 문상객들과 둘러앉아 소주를 마시고 있었는데 그중 상주인 그녀가 술을 제일 많이 마시는 것 같았다. 술을 못 마시는 나는 취하지 않는 그녀가 부럽기도 했다. 내가 호스피스로서 만나던 환자들의 장례식과는 다르게 문상 온 사람들이나 상주나 떠들썩한 술판에 어울리고 있는 분위기가 마치 축제를 연상케 했다. 연극 연출가인 아들이 이끄는 극단의 단원들이 극단 이름이 적힌 앞치마를 입고 술이며 음식을 나르고 있는 것도 영락없는 연극마당의 축제 분위기를 낸 상갓집 장면 같았다.

 선배가 등단은 20대에 했지만, 그 후에 작품 활동이 활발치 않았고 나도 주위를 살필 여유가 없이 정신없이 사느라 서로 생사도 모르는 채 또 그렇게 한 십 년이 지났다. 그러던 어느 날 선배가 남편의 10주기라며 선배의 소설가 남편에 대해 짧은 이야기를 해 달라고 평론가인 내 남편을 행사에 초대했다. 그 자리에서 돌아가신 분의 지인, 문우, 그리고 한두 사람 평론가들이 그분의 출판인으로서, 또 소설가로서의 삶과 작품에 대해 이야기하는 순서가 끝나고, 연출가 아들도 참석자들에게 감사의 말과 아버지에 대한 그리운 마음을 피력하며 십 주기 행사가 거의 축제로 마무리되고 있을 때였다. 나도 얼굴을 알 것 같은 연예인이 피아노를 치면서 "When October Goes"를 불렀는데, 그가 부르는 노래가 끝나고, 강연하느라 앞쪽에 앉았던 남편이 웃는 얼굴로 뒷자리의 내게 '갑시다~' 하며 다가올 때, 가족석에 앉아 있던 선배가 일어서서 사람들 앞으로 나왔다. 자기가 초대한 사람들에게 따로 인사를 하려나 보다 했던 우리는 곧 좀 일찍 나올 걸 그랬다는 후회를 했다.

그녀가 일어서서 한 말은 소설가 남편이 술과 친구를 좋아해서 일 년이면 몇 달은 월급을 가져오지 않았고, 권투를 했던 남편이 술을 마시고 들어오면 자주 육박전을 했다는 것이었다. 집으로 오면서 남편은 아무 말도 하지 않았지만 나만큼이나 속이 상하는 것 같았다. 바쁜 시간을 내어 돌아가신 분의 작품도 찾아 읽고 나름 준비하느라 시간을 보냈는데, 좋은 소리하라고 손님들 불러놓고 판은 주인이 깬 느낌이랄까.

그렇게 또 몇 년이 지난 후, 나는 그녀의 황혼 사랑에 대해 알게 되었다. 들뜬 목소리로 전하는 선배의 사랑 이야기를 들으면서 나는 문득 오래전 혼자 케임브리지의 작은 호텔에서 잠시 머물 때 밤에 TV로 본 영화, 「Daisies in December」[15]가 생각났다. 선배의 황혼사랑은 페이스북이 만들어낸 작품이었다. 대학 때 평화봉사단으로 한국에 왔던 사람과 페이스북으로 연락이 닿았고, 오래전 서로에게 가졌던 좋은 마음을 확인한 두 사람이 이제 노년의 삶을 함께하기로 했다는 것이었다. 페이스북이라는 다리를 건너 40년도 더 전 기억 속으로 단숨에 들어간 거다.

나는 몽상가는 아니라서 무지개를 찾아 길을 떠나는 대신 꿈

---

15) 1995년, 마크 하버(Mark Haber) 감독이 만든, 조스 액클랜드(Joss Ackland), 진 시몬즈(Jean Simmons) 주연의 영국 영화로 유료 양로원에 머물던 노인들의 아름답고 슬픈 사랑 이야기.

속에서도 흰 종이에 무지개를 그린다. 그것이 내 꿈에게 "괜찮다, 괜찮다" 위로해 주는 의식인 것처럼. 오히려 몽상가라고 생각했던 그녀가 땅에 발을 딛고 선 용기 있는 사람이라는 생각이 들기도 한다.

나는 앞으로도 명도(tone), 채도(clarity), 색상(hue, shade)으로 만들 수 있는 모든 경우의 수를 다 찾아낼 때까지 계속 무지개를 그릴 것이다. 오래전 혜화동 집 벽에 걸린 내 컬러 휠을 보고 "무지개 같아" 하던 꼬마 영은이 말처럼 나의 컬러 휠이 진짜 아름다운 무지개가 되어 내 흰색의 창에 걸릴 때까지. 그리고, 푸른색 꽃들로 햇빛 좋은 발코니를 가득 채울 것이다. 내 젊은 날의 '푸른 장미'를 잊지 않기 위해.

2016년 10월

고흐가 그려준
내 마음의 쉼표
- 생 레미 수도원의 성모

오랜만에 교보문고에서 화집들을 넘겨봤다. 내가 몇십 년 동안 가지고 있는 가와데쇼보가 1967년에 낸 『세계의 미술』 화집과는 너무 달랐다. 남편에게 다음 생일에 고흐를 사 달라고 했더니 "생일까지 아직 많이 남았는데 지금 사지?" 한다. 가와데쇼보한테 미안해서 그런다고 대답했지만 내 마음이 진짜 그랬는지도 몰랐다. 고마운 존재에 대한 사랑은 영원히 변치 않는 경우도 있으니까. 사람이든 출판사든.

대학 시절, 생활비가 오면 일본 잡지를 파는 명동의 뒷골목에서 가와데쇼보에서 낸 『세계의 미술』(L'Art du Monde) 시리즈를 한 권씩 샀다. 그 당시는 일본과 수교 전이라, 비공식적으로 들여오는 일본 책들을 팔았었는데, 12번 'Gogh'를 가장 먼저 샀던 것 같다. 번호순으로 사진 않았지만 그렇게 24권을 다 사 모았다. 그 당시에는 컬러 인쇄가 가와데쇼보 이상은 없었던 것 같다.

5월에 친구와 프로방스를 다녀왔다. 삼십 년도 더 전에 파리에서 로마로 가면서 잠시 아비뇽에 머물렀던 적이 있었다. 그때는 딸과 셋이 다니던 여행이라 프로방스를 다 본 게 아니어서, 아를이 일정 속에 있는 남프랑스 여행이 많이 기대되었다.

밤늦게 마르세유에 도착했고 다음 날 첫 일정으로 세잔의 생가에 들렀다. 화가의 자취를 느껴보려고 이층까지 좁은 계단의 난간을 손으로 든지며 올라갔다. 첫 방문지라 가슴 설레며 시작해서 아래층 기념품 가게의 그림엽서 몇 장과 제 엄마 따라 나를 '이모'라 부르면서 서영 이모가 이모 딸인데 어떻게 이모인지 헷갈리고 있는 명주 딸 하영에게 줄 색연필을 사는 것으로 세잔을 끝내고 나왔다. 이십여 분에 끝낸 세잔이 아쉬워, 그 후에라도 그가 원근법 없이 균형을 표현한 작품, 「생 빅투아르 산」의 그 산을 보고 싶었지만 차가 니스로 갈 때 고속도로를 타 버리는 바람에 그럴 수 없었다.

다음 일정이 아를이었다. 들판 한가운데로 한참을 달려서 차는 우리를 허허벌판, 론강의 좁은 수로 옆, 아래쪽도 위쪽도 끝이 보이지 않는 물가에 내려놓았다. 너무 아무렇지도 않게 놓여 있어서 보고도 몰라 본 도개교(배가 지나갈 때 다리 가운데가 양쪽으로 올

161

라가면서 열리는 다리)는 바로 고흐의 「랑글루아 다리」였다. 프로방스의 5월 햇빛은 내가 어떤 각도로도 그의 도개교를 제대로 찍을 수 없게 그렇게 강렬했다. 어떤 일들이 그렇듯, 내가 볼 수 없지만 실제로는 일어나기도 하는 것처럼, 사진에는 담길지 모른다는 생각으로 여남은 장의 사진을 찍었다. 그가 이젤을 어디 쯤 두고 저 다리를 찍었을까 가늠해 보느라 두리번거리다가 나는 마지막으로 차에 올랐다.

다음 날 엑상프로방스의 일정들이 있었지만 사흘 차에 잡혀있는 생 레미 수도원(고흐가 정신착란이 심해지자 스스로 입원했던 곳으로, 그 당시에는 수도원에서 요양원을 운영하였다)이 마음에 가득 차 있어서 피카소 작품들로 만든 '까리에 드 뤼미에르', 채석장 전시관의 엄청난 쇼를 즐기지 못했다. 확대한 대형 그림들이 정신없이 움직이는 바람에 멀미가 심하게 나서 속도 메슥거리고 어지러워 도망치듯 빨리빨리 돌고 나오고 말았다.

생 레미 수도원 입구에서 수도원의 현관까지, 생 레미 시기에 고흐가 그린 그림들이 연대 등 설명과 함께 양쪽에 세워져 있었다. 방문객은 우리 팀이 다였는데, 「아이리스」 앞에는 사진을 찍느라 사람들이 많이 서 있어서 그림이 잘 보일 때까지 잠시 기다려야 했다. 그가 그린 800여 점의 작품 중 생전에 팔린 그림이 별로 없지만, 지금은 오백억 원을 호가한다는 그의 「아이리스」.

건물의 낡은 여닫이 현관문이 양쪽으로 열렸다. 건물 속에는 계단 옆 벽이며 복도 벽에 많은 그림이 걸려 있거나 세워져 있었다. 현지 가이드는 고흐가 이곳에서 요양하는 동안에도 50여 점의 그림을 그렸다고 했다. 실제로 이곳에서 그가 그린 그림은 그보다 훨씬 많다.

계단을 올라가 그가 머물던 작은 방에 들어섰다. 문에서 마주치는 벽에 가르로 침대가 놓여 있었다. 작은 방에는 침대와 사선으로 설교대를 연상케 하는(아무것도 올려져 있지 않아서) 짙은 갈색 이젤이 서 있었다. 화가는 거기에 캔버스를 놓고 그림을 그렸을 것이다.

잘 키운 라벤더가 보라색의 바다처럼 내려다보이는 창 쪽에 의자가 하나 놓여 있었는데, 나는 그 의자에 앉아보고 싶었지만 그러지 않았다. 안내하는 이가 그의 침대에 앉아봐도 된다고 말하자 잠시 망설이던 사람들이 하나둘 흰 시트가 덮여 있는 작은 침대에 앉아 사진을 찍었다. 나는 차마 그의 침대에도 앉을 수 없었다. 그의 예술혼과 광기와 정신착란의 고통이 흰 시트 위에 고스란히 남아 있는 듯해서였다, 난데없이 그 속으로 아무렇지도 않게 들어갈 수 없어서였다. 수도원 전체를 가득 채운 라벤더의 향 때문이었을까, 보라색 때문이었을까, 가슴이 슬픔으로 가득 차는 것 같았다.

그때, 바깥 어디선가 남자의 비명이 들렸다. 그 소리는 마치 정신병동에 갇힌 사람이 발작하는 상황을 확성기로 틀어놓은 것처럼 그렇게 엄청났다. 비명이 계속되는 동안 사람들은 잠시 놀라더니, 정신병원에 와있음을 알려주려는 연출된 효과음이 아니겠냐고들 했다. 슬픔엔 충격도 한 해결 방법이라 안개처럼 피어 올랐던 슬픔은 간데없고 나는 놀란 가슴을 진정시키느라 숨을 몰아쉬었다. 연출이라면 이렇게까지 할 건 없지 않나 싶었지만 비명의 정체를 알 수는 없었다.

  밀레의 모작들을 보며 계단을 내려오는데, 출입문 안쪽 구석진 곳에, 들어갈 때 앞만 보고 계단을 올라가서 못 본 그림 하나가 낮게 걸려있었다. 「피에타」였다. 나는 바티칸의 기념품점에서 사 온 「피에타」 엽서를 가와데쇼보 화집 'Gogh' 옆에 오래 간직하고 있다. 75개의 작품이 수록되어있는 『세계의 미술』 12번 'Gogh'에는 「피에타」가 없다. 밀레 모작은 실려 있는데 그가 생레미 시기에 그린 들라크루아 모작인 「피에타」는 실려 있지 않았다.

  성모님이 아드님을 안으시는 그의 「피에타」를 보고 나서 나는 마음이 편안해졌다. 그가 생전에 그렇게 좋아하면서도 만나러 가지 못했던 어머니의 품에 안기고 있었기 때문이었다. 빈센트 반 고흐, 그는 오래전 내 마음속으로 들어와 깊이 자리해 온 찬란한 슬픔이었다. 이제 그는 내 가슴 깊은 곳에서 오래된 슬픔 하나를 걷어내고 그 자리에 커다란 쉼표를 그려주었다. 성모님, 그를 쉬게 하소서.

2018년 6월

언덕에서, 또는
두 점 사이의 최단 거리

 어제 동창회에서 떼창으로 불렀던 노래들을 생각하며 오래전에 듣곤 했던 오현명의 「그 집 앞」을 유튜브로 찾아서 들었다. 그냥 넘어가게 두었더니 내가 좋아하던 노래가 나왔다. '아, 물망초' 하며 듣다가 그 곡이 끝난 다음 한 번 더 들으려고 제목을 찾는데 '물망초'가 없다. 그러다 제목 중에 「언덕에서」를 찾았다. 오래전 동네 오빠가 들려준 노래이다. 제목은 「언덕에서」인데 가사 중에 '물당초'가 나온다. '언덕에서'는 제목 같지 않고 '물망초'는 제목 같아서 잘못 기억했던 것 같다.
 그 오빠를 알게 된 건 내가 어릴 때 초등학교도 들어가기 전부터이다. 오빠네 집 대문 옆 긴 담장 끝에 작은 쪽문을 열고 그 집에 세든 이가 구멍가게를 했는데, 내가 저녁 전에 하루 한 번은 철길을 넘어 알사탕을 사러 갔기 때문이다. 사각 설탕 알갱이가 겉에 다닥다닥 붙어 있는 알사탕이 너무 커서 입에 넣을 때 늘 귀밑 언저리가 아팠다.

한참 걸려 사탕 색깔을 정할 때쯤, 어떤 날은 '국민학생'인 오빠가 대문으로 나와서 내가 철길을 넘어올 때 동무해주곤 했다. 건널목이 있었지만 차단기 같은 게 설치되어 있지는 않아서 철길을 건널 때는 철길이 사라지는 양쪽 산모롱이를 확인하고 빠른 걸음으로 건넜다. 아버지가 철길을 안아 건넜던 건 초등학교 저학년일 때 기억만 있는데 사탕 물고 철길을 건넌 기억 속에는 그 오빠가 있다.

사람들이 100층을 붙여 102층이라 부를 만큼 우리 집은 철둑을 넘어서도 높은 곳에 있었다. 좀 떨어진 외갓집 가는 길에 신작로에서 철길 아래로 자동차도 다니는 터널이 있었지만 그쪽으로 돌아서 다니는 사람은 없었다. 집에 가려면 철길을 넘어 철둑 아래로 난 길을 따라 내려와서 강덕네 집 못 가서 오른쪽으로 꺾어 다시 올라가야 했다. 그러고도 영자네 들어가는 길에서 다시 오른쪽으로 더 올라갔다. 영자네 집 담을 끼고부터는 아버지가 우리 보폭에 맞추어 낮게 만든 계단이 대문까지 나 있었다. 계단과 우리 집 텃밭 사이로 사람들이 편하게 갈 수 있는 길을 내고도 집으로 올라가는 계단 폭이 넓어서 동생과 둘이 손을 잡고 가로로 서서 올라갈 수 있었다. 철길과는 직선거리로 백 미터쯤 떨어져 있었는데 대문 앞은 양쪽에서 계단이 올라와 있어서 대문 바로 앞 넓은 계단참에 앉으면 지나가는 기차가 내려다보였다. 거기 앉아서 어머니가 내다 주시는 과일이나 튀김 같은 간식을 먹으며 놀았다. 거기서 종일 지나가는 기차를 내려다보면서 언젠가는 기차를 타고 가장 먼 데까지 가 보겠다고 다짐했던 것 같다.

　그때는 집집마다 평상이 있어서 겨울 말고는 평상에서 시간을 보낼 때가 많았다. 우리집 평상에서 일어서면, 밖에서는 계단 높이만큼 커다란 돌로 쌓아 올린 성처럼 높은 돌담이 집 안에서는 낮아서 내 키로도 철길 너머 오빠네 감나무 아래 놓인 평상이 보였다. 평상에서 놀다 우리집 동이감이 익지 않은 채로 떨어지기 시작하면 흘깃 철길 너머 보이는 오빠 집 감나무를 내려다보곤 했는데 오빠네 감은 그때마다 노랗게 빨갛게 한가득 물들어가고 있었다.

　고등학교 2학년 때 할머니인 줄 알았던 오빠 어머니가 우리집에 오셨던 적이 있다. 그 할머니는 어머니가 안 계실 때 오셨는데, 일하는 언니가 어머니는 안 계시고 집에 우리끼리만 있다고 한 것 같았다. 내가 아파서 집에 있다고 했는지 나라도 보고 가신다며 방으로 들어오셨다. 땀범벅이 된 채 일어나 앉은 내 머리카락을 뒤로 넘겨주시고 땀도 닦아 주시며 어머니를 만나러 왔는데 내가 집에 있어서 보고 갈 수 있어 다행이라고 했다.

　놀란 막냇동생이 큰 눈을 깜박이면서 내 옆에 바싹 붙어 앉아 있었다. 할머니는 그 집 할아버지 즉 오빠네 아버지가 연세가 많아서 대학을 다니다 입대한 아들이 제대하면 바로 결혼을 시킬 거라고 했다. 외아들이어서 예비군 훈련을 안 나가도 되고 취직을 안 해도 평생 먹고 살 수 있게 다 해 두었다고 했던 것 같다.

열이 나서 비몽사몽인 내게 많은 말씀을 하셨던 그분은 내 귀도 만져보고 손도 만져보고 뺨도 쓰다듬으셨다. 막내가 "공화 언니, 할머니가 '향토예비군'을 '상토예비군'이라 그랬어."라고 속삭였다. 얼마 후에 어머니가 그 댁에 가서 딸이 아직 어리고 서울에 있는 대학에 보낼 건데, 유학도 가면 언제 돌아올지도 몰라서 결혼을 바로 시키실 거면 우리 애는 많이 기다리셔야 해서 안 되시겠지요? 하셨다고 나중에 말씀해 주셨다.

고3이 되면서, 수학을 싫어해서 입시에서 여학생에게 수학 대신 가정 과목을 선택하게 해 준 대학으로 진로를 정했다. 기하 시간은 재미있었던 적이 잠깐 있었는데 그때쯤 아직 군복을 입은 오빠를 만났다. 그 전에 오빠네 집 앞으로 다니다 마주치면 나를 웬 어린아이 취급을 해서 가끔은 자존심이 상할 때도 있었는데, 할머니 일 때문이었는지 오랜만에 다시 만난 오빠가 그리 편하지 않았다.

그날 학교 앞에서 기다리고 있는 오빠를 만나, 집으로 오는 버스가 있던 서면까지 같이 걸었는데 오빠도 나도 결혼 이야기가 나왔던 일에 대해 아무 말도 하지 않았다. 서면 로터리 부근에서 오빠와 처음 밥을 먹었다. 오빠가 저녁을 먹으면서 젓가락으로 물을 두 번인가 찍어서 그릇들 사이를 돌아 내 자리 쪽으로 물길을 만들더니, 마주 앉은 우리 사이에 젓가락 두 개를 그릇들을 밀고 직선으로 붙여놓았다. 기하가 재미있다는 내 말에 대한 대답이었는지 "두 점 사이의 최단 거리는 직선"이라고 말했다. 어릴 때 우리 집 평상에서 오빠네 집 평상까지 철길 너머로 구름다리가 있으면 좋겠다는 말을 한 적이 있었던 것 같기는 했다. 오빠네 집에 가겠다는 게 아니라 사탕 사러 가는 얘기였던 것 같은데, 내려갔다 올라갔다 철길을 넘어 가는 일이 너무 힘들어서 그런 말을 했을 수도 있겠다 싶기는 했다.

   그날, 군복 때문이었는지 오빠가 멋있어 보였다. 어두워진 철길을 건너 처음으로 집 앞 계단까지 데려다준 이후에 오빠를 만난 기억도 그 집 평상에 대한 기억도 없다. 내 고향집 기억은 그 후로도 얼마간 더 남아 있지만, 오늘은 '언덕'에 핀 연푸른색 '물망초'가 눈에 어른거린다. '두 점 사이의 최단 거리인 직선'을 따라 나온 오빠 기억이 사탕 물고 철길 건너던 어린 시절로 나를 부른다. 동창회 탓인가? 갑자기 한 문장이 떠오른다. '두 지점 사이의 가장 먼 거리는 시간이다.'16)

2018년 10월

---

16) 토마스 래니어 윌리엄스(Thomas Lanier Williams 1911~1983), 『유리 동물원』(The Glass Menagerie)의 마지막 톰의 대사 "I didn't go to the moon, I went much further – for time is the longest distance between two places …"

라블레가 옳으면
어머니도 옳다

　지금 생각하면 내 이삼십 대의 그 힘든 시기에 어떻게 책을 읽을 수 있었는지 이해가 안 된다. 밤에 읽었건 낮에 읽었건 상당히 많은 책을 읽었다. 남편은 같은 책을 다섯 번씩 읽는데, 옆에 있는 내가 보기에 답답하기도 신기하기도 했다. 나는 같은 책을 다섯 번은커녕 두 번 읽은 적도 없다. 고등학교 때, 친구들이 책 내용을 외울 때까지 몇 번이고 읽는다는 참고서도 한 번 이상 본 적이 없는데, 어떻게 같은 책을 다섯 번씩 읽는지 나로서는 이해할 수 없는 일이었다. 남편이 다섯 번씩 읽는 책들이 칸트나 헤겔 같은 어려운 철학책이나 평생 손에서 놓지 않는 경제학책, 수학책만이 아니었다.
　어느 날은 『채근담』과 『소학』이 책상에 놓여 있었다. 『채근담』은 읽었지만 『소학』이 궁금해서, 어른들께 저녁 진지를 드리고 나서, 방에 들어가 남편이 들어오는 늦은 시간까지 서너 시간 동안 읽었던 적이 있다. 그날 밤, 늦게 들어온 남편에게 대문을 열어주고, 안방에 들어가면서 "다녀왔습니다." 하는 인사 소리를 들으면서 내 방에 들어갔는데, 안방에서 '내가 저녁 먹고 들어가서 몇 시간째 방에서 꼼짝 않고 있었다'라고 들었는지 방에 들어오더니, '결혼 전에 『소학』 정도는 읽고 왔어야 했는데~', 뭐 그런 말을 중얼중얼했던 것 같았다. 보통은 안방에서 할 일이 없어도 할머님, 어머님 말 상대도 해 드리고 같이 TV도 보고, 괜한 야단도 맞고 그러는데, 그날 『소학』을 읽느라 처음 저녁 식후에 방에 들어가 있었던 건데 그게 못마땅하셔서 밤중에 들어온 아들에게 말씀을 하신 모양이었다.

"내가 『소학』을 읽었으면 당신한테 안 왔거든"이라 말해놓고 놀란 건 나였다. 남편은 아마 자기 책을 내가 읽은 줄은 몰랐을 것이다. 『소학』에 '청춘과부'한테 딸자식 보내지 말라는 말이 나와서 울컥한 건데, 정확한 워딩이 기억나지 않지만 그런 뜻이었다. 어디 그뿐인가. 홀시할머니에 홀시어머니에, 공부하는 남편에, 우리 어머니가 '소학'인지 '대학'인지 읽으셨는지는 모르지만, 돌아가시기 전, 머리를 절레절레 흔드시며 말리던 결혼 아니었던가. 남편이 일러바치진 않았겠지만, 그래도 그렇게 말한 것이 죄송해서 그 후로는 그분들의 불행을 빗대어 모진 말을 하지 않았다. 그건 전쟁 탓인데, 죄송했다.

　결혼 후에도 학교 어학실험실에 계속 출근을 했는데, 퇴근하고 와서 저녁 식사 후에 안방에서 남편이 들어오는 밤중까지 있어야 하는 일이 특히 어려웠다. 집안일을 끝내고 쉬고 싶은데 그럴 수가 없었다. 그래도 내가 책을 볼 수 있었던 건 그 사건(?) 이후였던 것 같다. 그때 어머님은 사십 대 후반이었다.

서재에서 책을 골라다 읽을 수 있었지만 남편이 책상에 갖다 놓는 책들 중에 내가 읽고 싶은 책을 읽기도 했다. 같은 책을 다섯 번 씩 읽느라 본채의 서재에서 내 방 책상 위에 가져다 놓는 책이 하루 이틀 계속 놓여 있기도 해서, 저녁에 안방에서 몇 시간을 보내지 않고 내 방에 일찍 들어갈 수 있는 날은 남편의 공부 방식과 달리, 나는 한 번만 읽으니, 대강 훑어볼 수 있었다. 학교에 나가는 낮 동안에는 책을 들고 나갔다가 남편이 들어오기 전에 책상에 올려놓으면 됐으니까.

그때쯤 읽었던 책 중에 프랑수아 라블레의 『가르강튀아』, 『팡타그뤼엘』이라는 재미있는 책이 있었다. 거기 나오는 음식 이야기 속에 어머니가 한 번도 해 주시지 않은 음식들에 관한 이야기들이 있었다. 신기하게도 라블레가 금지하는 목록 속에 어머니의 요리에서 빠졌던 식재료인 돼지고기, 닭고기가 들어 있었다. 어머니의 요리금지 식품에 들어있던 식재료들이 '몸속에 염증을 만든다'는 거였다.

우리 집에서는 왜 그랬는지 돼지고기가 들어가는 음식을 먹지 않았다. 어머니는 요리를 잘하셨는데 돼지, 닭, 오리, 그 알들, 해산물은 고등어, 낙지, 오징어 게, 새우와 게장, 모든 젓갈, 그리고 호박, 가지 등을 한 번도 반찬으로 만드시지 않았다. 젓갈을 많이 쓰지 않는 어머니 김치는 특별했는데 김장할 때는 소고기 삶은 물과 조기를 삶아서 흐물흐물해진 살과 국물을 젓갈처럼 쓰셨다. 아버지가 좋아하시던 대구 아가미를 넣고 빨갛게 버무려 담은 꼬마 깍두기는 익으면 정말 달았다.

오래 전, 제부가 성공회 영등포 성당에서 시무할 때였다. 우리 집은 그때 내가 살림하면서 대학원을 다니기 좀 쉬우려고 제기동 한옥을 팔고 안암동으로 이사를 한 다음이었다. 남편 직장과 가깝다는 이유를 내세워 이사를 했는데, 쉽지는 않았다. 그때 언제쯤, 동생이 울먹거리면서 "언니, 입은 옷에 택시 타고 바로 와" 하는 바람에 저녁 전에 다녀올 수 있을 것 같아 잠자코 나가 택시를 탔다. 정말 입은 옷에 서둘러 택시를 타고 갔더니, 동생은 어떤 분이 귀한 거라며 신부님 드리라고 가져왔다는 대구 아가미 한 통을 안고 앉아 있었다. 동생과 둘이 무를 작은 깍둑썰기로 썰어 대구 아가미와 고춧가루에 버무리면서 울음을 참느라 코를 훌쩍거렸다.

제부 신부님이 돼지갈비를 좋아해서 같이 태릉 갈비촌에 가끔 갔다. 바쁜 남편 대신, 층층시하에 힘든 처형 위로하느라 신부님들 휴무인 월요일이면 동생과 우리 집에 와서 나를 태우고 서울 근교의 유명한 음식점들 순례를 시켜주곤 했다. 할머니, 어머님 두 분은, 공부만 하고 재미라곤 없는 아들과는 딴판인 신부님을 늘 "엽렵하시기도 하다"며 부러워하셨다.

나는 지금은 돼지고기를 먹게 되면 먹는데, 먹고 나면 괜히

173

잘못한 것 같아 속이 조금 불편하다. 오늘도 매주 목요일 수필팀 동료 작가들과 같이하는 점심식사에서 제육에 새우젓까지 먹었다. 돼지고기를 넣고 끓인 된장찌개도 먹었다. 어머니가 안 해주시던 반찬인데 어머니가 생각나서 먹는다고? 눈물 나게 웃기는 일이다. 그런데 낼모레는 틀림없이 부어오를 내 류머티즘 손가락 관절은 어쩌려고.

　제대로 검증을 할까 해서, 내가 오래전에 읽었던, 일본어에서 옮긴 중역이 아닌, 라블레 연구로 박사학위를 받은 분이 프랑스어에서 직접 번역한 『가르강튀아』, 『팡타그뤼엘』을 넘겨봤지만, 돼지고기가 염증에 나쁘다고 하는 부분을 찾지 못했다. 새삼 대강하는 건 안 된다는 걸 확인했다고 할까. 남편이 같은 책을 다섯 번씩 읽는 이유를 알 것 같았다. 같은 책을 다섯 번씩 읽는다고, '공부 말고 다른 걸 할 걸 그랬다'라며 대놓고 너무 많이 말하지 않았던 건 잘한 것 같다. 이미 너무 많이 말한 건 아닌지.

2019년 3월

깊고 푸른

지난가을, 동료 작가들과 작품을 나눈 후 늦은 점심을 먹고 나서, 아침에 집을 나설 때 생각했던 대로 교정에 단풍이 얼마나 들었는지 보려고 학교 속으로 다시 들어갔다. 내 걸음으로 한 시간 정도 걸리는 집까지 걸어서 가려고 개운산 길로 해서 사범대학 '운초우선교육관'을 지나 경영관 쪽으로 천천히 비탈길을 올라갔다. 그곳은 오래전 내가 경영학과 학생들에게 비즈니스 영어를 가르치던 곳이다. 색채 공부를 하고 와서는 첨단 시설이 갖추어진 강의실에서 최고 경영자 과정 수강생들과 배우자들에게 'how to dress'와 '퍼스널 컬러' 특강을 했던 곳이기도 하다. 경영관 옆 좁은 길을 지나다 사대 쪽에서 건너오던 구름다리가 생각나서 위를 보니 예전 모습 그대로 있었다. 경영관 앞마당으로 나오는데 오른쪽 언덕에 늘어진 나뭇가지들이 단풍이 들기 시작하는 이파리들로 가을이 반은 와 있음을 알고 있었다.

10cm 정도의 납작한 정사각형으로 다듬은 화강암이 경영관 앞마당에 사이를 조금씩 띄우면서 질서정연하게 깔려 있었다. 돌 사이로 작은 풀들이 자라 묘한 균형을 만들고 있어 예뻤지만, 문득, 어느 날 여학생들이 굽이 가는 구두를 신고 오면 이 길을 어떻게 다니나 하는 생각이 들었다. 하긴 내가 대학생일 때는 교문 밖으로 수없이 뛰어나가 데모에 참가하던 여학생 몇 명이 신던 운동화를 요즘은 많은 여학생이 신고 다녀서 구두 굽이 낄지 모를 화강암 사이 틈이 별문제가 되지 않을 수도 있겠다 싶긴 했다.
　'가을 캠퍼스'를 좀 걸어볼 요량으로 운동화를 신길 잘했다 하며 경영관을 지나 길을 건너려다 앞에 거대하게 마주치는 '백주년 기념 삼성관'을 올려다보았다. 화강암 건물 한가운데 뾰족한 꼭대기 바로 아래 짙은 남색의 직사각형 창 두 개가 나란히 나 있는 모습이 단아했다. 너무 예뻐 한참 동안 쳐다보다가 나도 모르게 탄성을 질렀다. 내 앞에 마주치는 건물 한 면을 훑어보다가 그 건물의 모든 창이 다 남색인 걸 깨달았기 때문이었다.
　시간이 얼마나 지난 후에 내가 그 남색이 어디서 왔는지를 알게 되었는지는 중요하지 않다. 차들이 정문에서 들어오다 지하 주차장으로 들어가게 되어 있어 건물 사이의 큰길에 차가 없긴 하다. 그래도 공사차도 들어오고 오토바이도 가끔 다니는 길을 건너다 말고 길 한가운데 멈춰 서서 남색의 창을 보느라 한참씩이나 고개를 젖히고 있었던 건 지금 생각하면 좀 바보 같다. 그러다 끝없이 파란 가을하늘이 눈에 들어왔다. 구름 한 점 없이 파란 가을 하늘이 건물의 유리창 속으로 빨려 들어가서, 한계의 끝까지 낮아진 채도와 명도로, 깊고 푸른 바다가 되어 화강암 건물 속을 가득 채우고 있는 것만 같았다.

그 깊은 남색이 유리창에 비친 하늘임을 깨닫는 순간 나는 갑자기 건물 속에 바다로 변한 하늘이 가득 들어있는 것만 같아 가슴이 울렁거렸다. 머릿속에 남색이 가득한 탓에 '백주년 기념관' 앞을 지나 본관 주차장으로 내려가는 계단 앞까지 가서야 주차장에 내 차가 없다는 생각이 났다. 정문에서 학교 밖으로 나가지 않고, 새로 지은 'SK 미래관'을 지나 교양학부와 극장이 있는 미디어관 옆으로 해서 천천히 걸어 고대병원 올라가는 개운사 사거리로 나와 집으로 왔다. 가슴 속에는 직사각형의 유리창으로 들어간 가을 하늘이 깊고 푸른 바다가 되어 화강암의 거대한 탑을 가득 채우고 있었다.

뉴턴은 적외선과 자외선 사이 일곱 빛깔 무지개색을 빨주노초파남보로 나누었다. 파랑(blue)과 남색(indigo)을 구분한 건 음악의 일곱 음계와 맞추기 위해서였다고 한다. 나는 '한없이 투명에 가까운 블루'[17]는 좋아하지 않는다. 내가 가장 좋아하는 색은 검정으로 가기 전, 그러나 푸른색이 여전히 선명한 가장 짙은 푸른색, 남색이다. 오래전 괴테 색채론을 공부할 때 행복했던 기억이

---

17) 무라카미 류의 소설 제목. 1972년 아쿠타가와상과 군상신인문학상을 동시에 수상했다.

나서 오랜만에 책을 꺼냈다. 블루를 찾다가 갑자기 그 남색이 창문에 칠을 한 건 아니었나 하는 생각이 들었다. 그러나 또 한편, 빛이 들어오라고 만든 창문에 짙은 남색을 칠했을까 싶기도 했다. 하지만 그다음 주에 한 번 더 경영관 쪽으로 걸어와서 백주년기념관을 올려다볼 생각은 없다. 설령 그 남색의 유리창이 오후 햇살이 유리에 비친 하늘을 반사하면서 만든 조화였다 해도 깊고 푸른 남빛의 창을 만나 잠시 행복했으면 그것으로 되지 않나 싶어서다. 그 아름다운 창이 설령 어떤 음모를 꾸미는 집단이 학생들을 화강암의 성에 가두고 밖을 볼 수 없게 하려고 일부러 남색을 칠한 창이라 해도 말이다.

미국의 색채연구소 PANTONE은 '클래식 블루'를 2020년 올해의 색으로 발표했다. 푸른색은 그 속에 하늘과 바다를 함축하고 있다고 한다. 수많은 색채론에 블루는 고요함(calm)과 평온함(tranquillity)을 준다고 나와 있다. 많은 색채학자들이 정신적인 색, 명상의 색이라고 생각하는 이 색은 저혈압이나 불면증에도 도움이 된다고 해서 블루를 침실의 색으로 추천하는 사람도 있지만, 짙은 블루, 남색을 우울함, 외로움을 느끼게 하는 색이라고 하는 색채학자들도 있다.

괴테는 그의 『색채론』 781에서 '호감이 가는 존재가 멀어질 때 우리가 기꺼이 쫓아가는 것처럼 블루를 그렇게 생각하고 싶어 한다'고 비유한다. 블루가 가진 실제 거리보다 멀어 보이는 속성 때문이었을 것이다. 그것이 우리 쪽으로 다가와서가 아니라 우리를 그쪽으로 끌어당기기 때문이라 한다. 괴테가 말하는, 멀어지면서 끌어당기는 그 대상은 무엇이었을까? 궁금하다. 사람이었을까 여자였을까?

끌어당기면서 멀어지는 존재, 우리도 어느 아득한 젊은 날에 그런 푸른 존재 하나씩 가지고 있지 않았나?

추신: 정장의 색으로서 푸른색은 진할수록 파워가 실린다. 오래전 『동아일보』에 「색깔이야기」를 연재할 때, 어느 정치가가 당대표로 취임하던 날, 회색 양복을 입고 나왔었다. 메이저 정당의 당대표가 취임식에 옅은 회색 양복을 입고 나와서 연설하는 모습을 보고 나는 "우리는 정치가가 그것도 대통령 후보가 될 당대표가 푸근하고 따뜻한 이웃집 아저씨이길 바라지 않는다"고 했다. "정당의 리더에게서 국민이 바라는 이미지는 '리더십', '파워', '신뢰' 같은 것"이라 써 보냈더니 내 칼럼을 담당하던 젊은 기자는 한 주일 정도 미루던 내 글을 뒤늦게 실으면서 기자직을 걸고 실었다고 했던 것 같다. 그날 취임식에서 그분의 의상을 고른 사람이 누가 됐든 세상 남자가 다 아는 네이비 수트의 파워를 몰랐던 모양이었다. 그런 일은 취향보다는 과학을 믿는 것이 맞다. 더구나 회색은 검정에 가까운 짙은 회색이 아니면 여름에도 정장으로 입지 않는다. 보이지 않기 때문이다. 그분은 대통령이 되지 못했다.

2020년 2월

레테의 강

 모든 걸 잊고 싶을 때가 있다. 빙 둘러친 병풍 속처럼 막혀 있는 상황들이 버거워서 눈 감아버리고 싶을 때가 그럴 때다. '산 사람은 살아야 한다'는 잔인한 위로의 말이 가슴을 찌를 때 이틀 사흘 울고 나면 멍해져서 좀 잊은 것 같을 때도 있다. 시간이 흐르고 나이가 더 들고 기운이 없어지면, 그래서 기억력도 떨어지면 나는 그때 정말 다 잊을 수 있을까?
 십 년도 더 전, 호스피스 팀에 복지사가 없어 불편해서 사회복지사 학사과정을 공부했다. 이미 대학을 졸업했기 때문에 이 년 정도면 사회복지로 학사학위를 받을 수 있었다. 색채강의를 하는 요일과 겹치지 않게 하다 보니 세 대학에서 강의를 들었다. 가르치는 일도 하루에 석·박사 과정 강의를 야간까지 일곱 시간씩 했다. 많이 힘들었다. 병원 코디네이터 교육도 같이 받던 학기에는, 급할 때 인간이 한계를 넘는 힘을 내기도 한다는 말을 내가 증명하고 있었다. 그때 나를 땅속으로 끌어당기던 갑상선 저하를 너무 힘들어서 그런 줄 알았다. 내 몸에게 하는 변명이지만 갑상선 때문일 수 있다는 가정의학과 선생님이 이비인후과의 젊은 의사에게로 컨설트를 해 주었지만 내가 전에 진료 받던 교수에게만 진료를 받아야 할 것 같다고 했고 나는 그 요일에 색채강의가 있었다. 몇 년 동안 같은 요일에 해오던 강의라 시간을 바꿀 수 없었다. 결국 진료를 받지 못했다.

　다른 병원으로 갈 수 있었을 텐데 심각하게 생각하지 않았고, 몸이 힘들다 보니 이 일 저 일 많은 상황에 몸에 상처가 난 건 아니어서 금세 잊어버렸다. 치료를 하지 않고 시간을 너무 지체해 이미 내 갑상선은 암으로 발전된 상태였다. 새벽 다섯 시에 시작하는 일부터 해서 밤중까지 강의하고 상담하고 교육받고, 호스피스도 빠지지 않았다. 지금 생각하면 무슨 짓을 한 건가 싶다. 잠시라도 비는 시간이 있으면 불안해서 자꾸 일을 만들었던 것 같다. 일이 계속 생겼든 내가 일을 만들었든 어느 쪽도 현명하지 못했다는 건 인정할 수밖에 없다.

　사회복지 학사 학위과정 마지막 학기에 필수과목인 실습을 나갔다. 데이케어 센터에서 노인들을 위한 프로그램을 돌리고 있었는데 내가 맡은 건 미술치료였다. 노인들은 겉은 다 멀쩡했다. 복지사나 요양보호사가 바로 옆에서 지키고 있는데도 엉뚱한 일을 저질러서 놀라게 하는 이들이 몇 있었지단 대부분 겉모습만 보면 정상으로 보였다. 한 할머니는 옆 사람을 잘 깨물어서 늘

마스크를 쓰고 있던 기억이 난다. 그분은 아들 여섯이 박사이고 하나가 석사라고 했다. 남자들은 싸움이 나면 무서웠다. 짚고 있던 지팡이가 무기가 되기도 했다. 여자 노인들의 싸움은 그렇게 폭력적이진 않았지만, 그분들도 걸핏하면 싸웠다. 자리 때문에 싸우고 간식 때문에 싸우고 일본 노래를 부른다며 싸웠다.

  노인들이 머무는 공간에 위험한 물건을 두지 않으려고 여러 사람이 신경 쓰고 있었지만 가끔 엉뚱한 데서 사건이 터질 때도 있었다. 하루는 안전하다고 생각했던 내 미술치료 재료인 점토를 한 할머니가 삼킨 일이 있었는데 복지사가 바로 옆에 있었지만 막지 못했다. 놀란 내가 할머니 입속에 손가락을 넣으려고 했더니 남자 복지사가 내 손을 잡아챘다. 손가락을 넣었다 물리면 뼈까지 잘릴 수가 있다는 거였다. 한 움큼이나 되는 점토를 입에 물고 있던 할머니는 우리가 놀라 난리 치는 바람에 뺏기지 않으려고 한 번에 꿀꺽 삼키고 말았다. 사건을 가족에게 알리고 나는 그 밤을 뜬눈으로 새우다시피 했다. 다음 날 할머니는 마치 아무 일도 없던 것처럼 복지사를 따라 노래도 하고 운동도 하고 간식도 잘 드셨다. 나는 십년감수했는데 할머니는 배탈도 나지 않았다.

  점심 식사가 끝나면 모든 문을 점검하는 한 할머니는 노무현이 학교가 끝날 시간이라 데리러 가야 한다며 문 앞을 서성이기 시작하셨다. 아들인지 딸 이름에 '노' 자, '현' 자가 들어있다고 하는데, 물론 '노무현'은 아니었다. 어른인 자녀를 초등학교 3학년으로 기억하는 거였다. 점심 식사가 끝나면 모든 문을 만지고 다니는데 문을 다 잠그는데도 어쩌다 열려있는 문으로 빠져나가서 몇 시간 만에 겨우 찾은 적도 있다고 했다.

내가 상담하던 할아버지는 군인일 때 애틀랜타 공병학교에 유학을 다녀오셨다는데 영문과를 나온 내가 당신 상담을 맡게 되어 참 좋다고 하셨다. 영어도 가끔 하시고 지난 이야기도 조리 있게 잘하셨다. 정상으로 보였다고 할지 그랬다. 나와 좀 친해졌다고 생각했는지 부인이 돌아가고 일 년 동안 밥을 한 끼도 안 드시고 소주만 마시다가 위 천공이 되는 바람에 수술을 받았다고 하셨다. 병원에서 일 년 동안 계시다 퇴원했는데, 아들이 여기 데이케어 센터 옆에 집을 얻어 주고 등록도 해 준 모양이었다.

할아버지께서 좋아하시는 할머니가 계셨는데 할머니는 50대에 쓰러져서 의식이 없는 채로 오래 병원에 있다 깨어났다고 했다. 그때부터 조기 치매가 시작되었고 한쪽 눈동자가 돌아갔다고 했다. 왜 그 할머니를 좋아하시냐고 했더니 "머리가 좋고 노래도 잘 해서"라 하셨다. 할아버지는 아침에 늘 그 할머니에게 주려고 딸기우유 한 개를 사 오셨다. 어느 날은 다른 할아버지가 그 할머니에게 말을 걸었는지 큰 싸움이 났다. 주먹질도 오갔다. 그중 정상이라고 여겼던 공병학교 유학생 할아버지도 정상이 아니었던 거다. 사무실에서 확인한 서류에는 그분이 중증 치매 환자에 속해 있었다. 복지사는 어떤 일은 선명하게 기억하시지만, 그것조차도 왜곡되거나 전혀 사실이 아닐 수 있다고 했다.

구성원 대부분이 중증 치매 환자인 그곳, 데이케어 센터에서 실습하는 동안 일어났던 일들이 오래 내 마음에 남아 있는 건 사건들을 기록하고 분석해서 보고서를 썼기 때문만은 아닌 것 같다. 치매 환자로 생각하면 그분들이 우리와 너무나 똑같다는 사실에 놀라고 정상이라 생각하면 또 다른 엉뚱한 일이 터지곤 했다. 사랑하고 질투하고 미워하고 거짓말하고 어떤 이를 왕따시키기도 한다. 노골적이다. 숨기거나 참지 않는다. 곧 다가올 우리 모습이라 생각해서 그랬던 걸까. 이미 내가 아닌데 그런 나를 누군가가 지켜본다는 게 현실이 되는 거니까. 아직은 내가 그렇게 되는 것보다 그렇게 된 나를 누군가가 지켜본다는 생각을 하면 더 무섭다. 결국 내가 그렇게 되는 것보다 더 무서운 일은 없을 터인데 말이다.

내가 실습을 끝낸 다음 얼마 안 있어 다른 실습팀으로부터 매일 딸기우유를 사다주던 할머니가 돌아가시고 애틀랜타 공병학교 할아버지가 바로 돌아가셨다고 들었다.

호스피스를 하면서 명동성당에서 장례 관리를 배워보려고 했던 적이 있다. 우리는 사람이 죽으면 노잣돈이라며 관 속에 동전을 넣어주는데 서양인들도 염습 과정에 망자의 양쪽 눈에 동전을 덮는다고 한다. 그리스 신화에 저승에 들어갈 때 맨 처음 만나는 '슬픔의 강', 아케론을 건너려면 뱃사공 카론에게 동전 한 닢의 뱃삯을 주어야 한다는 이야기가 있다. 뱃삯을 내고 슬픔의 강 아케론을 건너면 망자는 이승의 모든 슬픔을 잊게 된다. 마지막 '망각의 강' 레테에 이르면, 모든 영혼은 저승에 들어가기 전 이승의 일을 다 잊기 위해 강을 건너기 전에 이 강물을 마신다.

어쩌면 치매는 아직 이승에 있으면서, 죽어서 저승으로 들어갈 때 모든 슬픔을 다 버리고 간다는 첫 번째 강 아케론을 건너, 마지막 '망각의 강' 레테를 건너기 전에 마신다는 그 강물을 미리 마시는 일인지도 모른다.

어머니가 세상 버리고 떠날 때 여덟 살이던 막내가 마흔다섯에 세상을 놓았다. 어머니는 저승 문 앞 '슬픔의 강'가에서 두 손에 동전 한 잎씩 꼭 쥐고 막내를 기다리고 있었을까? 난 가끔 이제는 나보다 어린 어머니가 다 떠맡기고 떠난 게 미안해서, 첫딸을 잊지 않으려고 망각의 강 앞에서 나를 기다리고 있을지도 모른다는 생각을 하기도 한다. 슬픔의 강, 비탄의 강을 지나 플레게톤에서 비통과 시름을 불로 다 태우고, 증오의 강 스틱스 너머 망각의 강 레테를 건너기 전, 어떻게든 강물을 마시지 않고 막내 손 꼭 잡은 채 나를 기다리실까.

2018년 10월

멀리 가려거든

'멀리 가려거든 함께 가라'는 말이 가슴에 와닿았다. "빨리 가고 싶거든 혼자 가라. 멀리 가고 싶거든 함께 가라(If you want to go fast, go alone. If you want to go far, go together.)" 신문 칼럼, 「황석희의 영화 같은 하루」 서른한 번째 글에서 황석희 씨는 수단 내전의 실화를 다룬 영화 「뷰티풀 라이」(The Good Lie, 2015)에 나오는 이 말이 아프리카 속담이라고 소개한다. 작년인가 이민호 작가의 수필집 『동행』에서 같은 말을 읽고 '함께'라는 내게 생소한 말을 처음으로 명상하면서 한동안 마음이 따뜻했던 기억도 있다.

나는 무슨 일이든 함께 해본 적이 별로 없었던 것 같다. 공부하는 남편은 공부만 해서, 평생 내가 혼자 모든 일을 처리해 왔다. 어머님 할머님 모시고 살면서, 어머님이 아직 젊으셔서 내가 중고등학교 교직 생활도 될 것 같다고 생각했다. 학부에서 영자

신문, The Granit Tower 기자여서 오후 늦게 들어있는 교직과목을 수강하기가 어려웠다. 원래 교사가 될 생각을 하지 않았던 것 같다.

교직과목을 이수하지 않은 터라 교육대학원 강의를 주간에 들으면 이 년에 끝낼 수 있어서 시작했는데, 낮에 몇 시간 집을 비우는 게 쉽지 않아서 야간으로 바꾸고 삼 년 만에 대학원을 마쳤다. 늦게 시작한 공부를 하는 동안에는 늘 집안일을 제대로 해내려고 애썼다. 몸이 아프거나 힘들 때 참고 견디는 게 일상인 상황이 계속되었고, 야간 강의를 듣고 와서 탐새 몸이 안 좋을 때도 아침에는 새벽부터 해야 하는 일이 많았다. 그렇게 하루하루를 견디던 힘든 일상이 병도 키운 건 아니었는지. 그때는 행복하지 않았다. 늘 힘들고 자주 아프던 엄마를 보며 자라서인지 아이도 힘들 때 멈춰 서서 자기 스스로를 챙길 줄 모르는 것 같아 마음이 안 좋을 때가 많다.

코로나 봉쇄가 있기 전, 내 건강이 많이 나빠져서 일상생활이 힘들 때, 집으로 들어온 아이가 살림을 조금씩 이양해 가더니 지금은 식자재 구매부터 집안일, 병원 나들이 등 일상을 총괄하고 있다. 면역억제제를 먹는 엄마가 바이러스에 취약한 면역저하자여서 병원 말고는 아무 데도 못 가게 막고 있어서 자동 납부로 해 둔 경우 말고는 돈을 쓸 일도 많지 않다.

공부하고 와서 처음 6년 동안 여러 대학에서 강사 생활을 할 때도, 교수가 되고 나서도 많은 한 주일에 이삼일은 밤을 새우며 공부했다. 전공 분야의 저서를 집필하고 전공과 관련된 책들을 번역하면서 학교 연구실에서 밤늦게까지 쉬지 않고 일을 하더니 건강에 문제가 생겼다.

젊을 때는 어떤 일에 몰두하다 보면 건강에 문제가 생기지 않는 한 멈추는 게 어려운 일인 줄은 알지만 딸은 그보다 스스로를 챙기지 못하는 엄마에게 물려받은 구조적 문제를 가지고 있는 듯하다. 지금은 몇 학기째 새벽까지 책상 앞에 앉아서 비대면으로 하는 강의를 녹화하고 보고서를 읽는다. 그런 식으로 무리를 하다가 무릎 연골이 찢어졌고, 그 상태로 다리를 살살 끌고 다니면서 조석으로 식사 챙기고 아픈 엄마까지 관리하느라 고군분투하고 있다. 엄마가 계모인 건 언제부터 알았냐고 하는 내게 딸은 "처음부터"라 한다.

어떤 일들은 기본을 믿었던 것 같다. 병원에서 의사가 내 병을 관리해 준다고 생각했는데 그 신뢰가 어긋나기 시작한 다음에야 내가 그동안 무슨 짓을 한 건가 한다. 아니 무슨 짓을 당하고 있었나 하는 게 더 맞는지도 모르겠다. 그럼에도 불구하고 지금까지 살아서 견뎌낸 걸 생각하면 모든 것이 다 기적 같다. 젊을 때는 건강에 대한 말들 중에 '후회할 때는 이미 되돌릴 수 없다'고 하는 말을 새겨듣지 않았다. 그럴 여유도 없었다.

갑상선암 수술을 했을 때도 그랬고 몇 가지 일어나서는 안 될 일들이 연속으로 일어났음에도 상황을 바꿀 생각을 못했다. 이십 년 가까이 맡겨온 내 병에 대한 치료와 관련해서 생각을 바꿀 수밖에 없는 상황이 나와 상관없이 전개되고 나서야, 나는 어쩔 수 없이 생전 처음 나를 위해 다른 결정을 할 수 있었다.

내 삶, 내 건강을 우선순위에 넣지 않고 쉽고 편한 데 맡기려 한 내 잘못이었다. 당연히 내 건강을 스스로 챙겼어야 했다. '나도 소중하니까.' 오래전 우리 가족이 케임브리지에서 일 년 정도 살 때, 로레알의 광고 슬로건, Because I'm worth it이라는 말이 매일 TV에 나올 때도 나는 나를 주어로 이런 말을 할 수 있게 될 줄 몰랐다. 그 중요한 사실을 이제야 깨닫는 중이다.

내 병원 시중에 집안일까지 하느라 공부할 시간을 너무 많이 쓰게 해서 딸에게 미안한데, 정작 딸은 어떻게 공부만 하냐고 하면서, 자기가 공부만큼 요리도 집안일도 좋아한다고 말한다. 그러나 앞으로는 억지로 숙제처럼 하는 공부가 아닌 자기가 좋아하는 공부를 하겠다고 하면서. 딸이 행복할 수 있는 그런 일들을 했으면 좋겠다. 이제는 건강을 해치면서 하는 일이나 공부여서는 안 된다는 생각을 한다.

딸에게 건강을 제대로 챙기라고, 행복한 삶이 더 중요한 거라고 이야기하면서, 처음으로 나도 내 건강을 제대로 챙기고 내 삶이 행복할 수 있는 삶의 방식을 찾아야겠다는 생각을 하게 된 것 같다. 이제 더 이상 참고 견디는 일을 멈추고 현재의 삶, 나 자신의 기쁨, 행복, 그리고 건강을 위해 하루하루 살아야 한다는, 지금 생각하면 너무 당연한 일을 이제야 생각해 내고 계획한다. 마치 수십 년을 더 살 것처럼.

황석희의 「영화 같은 하루」 네 번째 글에는 전쟁 영화 「1917」에 나오는 키플링의 시 「The Winners」의 "지옥으로 가든, 왕좌로 가든 홀로 가는 자가 가장 빠른 법이다(Down to Gehenna or up to Throne, He travels the fastest who travels alone)."라는 인용이 있었다. 그렇게 살아온 딸이, 이제는 몸과 마음을 보살피며 공부도 삶도 즐기면서 조금은 느린 삶을 살기를 바라는 마음이다. 새로운 구조 속에서 멀리 함께 갈 동반자도 있었으면 좋겠다. 물론 나도 내 몸과 마음을 삶의 중심에 둘 생각이다.

2021년 겨울호

아주 사적인 나의 퍼플

 은을 두드려서 만든 무광의 사각 귀걸이가 마음에 들었다. 장신구는 친구 정임이 만들어주는 것 말고는 잘 사지 않는데, 마치 어머니 화장대에서 보던 오래된 패물 같은 그 느낌이 좋았다. 99파운드라는 가격이 은 덩어리로 만든 귀걸이치고는 그렇게 높은 가격은 아닌 것 같았지만 장 보러 나왔다가 집어 들기는 부담스러워서, '그냥 사자'고 하는 남편에게 좀 생각해 보겠다 했다. 몇 달 후에 그 가게 앞을 지날 때 들어가 봤더니 아무도 사 가지 않았는지 그대로 있어서 남편에게 사 달라고 했다. 같은 계좌를 쓰면서 내가 사면 되는데 그 귀걸이는 선물 받고 싶었다. 1.5인치×1.5인치 정사각형의 귀걸이가 좋아 평생 안 하던 귀걸이를 하고 다녔다.
 모서리를 굴린 사각형 은을 무광으로 만들고, 사각형의 모서리 한쪽에 보라색으로 아이리스 꽃을 양각으로 만든 것이었다. 초록

이파리 두 개와 함께. 맨얼굴로 머리를 땋고 다니던 내게는 귀걸이가 화장 대신 중요한 소품이 되었다. 귀국하기 전쯤, 같은 가게에서 '실버 폴리시'라는 처음 보는 약을 발견하고, 은수저를 닦으면 철 수세미로 광을 낼 때처럼 은이 깎이지 않아서 좋겠다 싶어 하나 샀다.

어머님 할머님 모시고 살면서 세 학교에 나갈 때도 있어서 늘 동동거리고 다니느라 반은 뛰어다니던 서울 생활과 달리 아침 시간 말고는 아무도 뛰지 않는 그곳 사람들처럼 나도 그렇게 느긋하게 걸어 다니는 데 익숙해졌었다. 뛰지 않고 걸어 다닌 건 귀를 뚫지 않아서 클립이 달린 귀걸이를 하다 보니 잃어버릴까 봐 그랬는지도 모르겠다.

케임브리지의 장신구 가게에서 사 온 실버 폴리시는 별로 쓸모가 없었지만 선물이라며 직원이 집어 준 베이킹파우더 한 통은 집에 왔을 때 그 진가를 발휘했다. 수십 년간 명절이며 어른들 생신에 식사하는 사람이 많을 때는 수십 명씩 됐었다. 그 전날 그리고 끝난 후에 베이킹파우더로 닦은 수저들은 부엌을 온통 번쩍이게 했다. 그러던 어느 날, 수도꼭지, 압력솥들, 서랍 속의 안 쓰는 은수저까지 다 닦고 나서, 지쳐 죽을 것 같은 딱 그 순간에 갑자기 잊어버리고 있던 물건 하나가 생각났다.

한국으로 오기 전 마지막 유럽 여행으로 이태리에 갔을 때 베네치아의 거리에서 은으로 만든 보석함을 발견했다. 가죽으로 라이닝이 되어 있었고 망치 자국을 살린 뚜껑에는 꿈처럼 예쁜 칠보 장식이 있었다. 나는 케임브리지에서 산 은귀걸이를 덧아두려고 그 보석함을 샀었다.

그날, 주저앉아 있다가 갑자기 무광으로 된 은귀걸이가 광이 나면 더 예쁠 것 같다는 생각이 들자 힘이 났다. 도드라지게 만든 보라색 꽃은 계산에 넣지 않았다.

過猶不及, 지나침은 모자람만 못하다는 교훈을 늘 잊는다. 나는 그날 sterling silver earring에서 보라색 아이리스를 지우고 말았다. 우리 식구들은 아무도 내가 퍼플과 흔께 '무지개'(아이리스 꽃말)를 잃어버렸다는 사실을 모른다. 아이리스가 퍼플로 양각되어 있는 그 귀걸이를 내가 얼마나 좋아했는지 둘 다 잘 알고 있어서 아무 말도 할 수 없었다. 내가 공부든 일이든 전쟁처럼 난리를 칠 때마다 둘이 쌍으로 대강하라고 할 때 말 들을 걸 그랬다.

보라색에 빠져있던 2018년, 프로방스 여행어서 조우한 보라색 바다 같던 라벤더 경작지에 거의 쇼크 수준의 감동을 받았다. 산속, 끝없이 펼쳐진 라벤더 밭 어디쯤에서 마주친, 라벤더가 원료인 유명 화장품을 생산하는 공장을 보고서야 산에도 수도원에도 지천인 라벤더가 관상용이 아닌 산업용이라는 사실을 깨달았다. 아름다운 생 크루와 호수(Lac de Saint-Croix)가 보이는 언덕 위 호텔 마당에는 우리 집 발코니 반을 차지하고 있는 바로 그 보라색 난초가 회색 돌 화분에서 강렬한 프로방스의 햇볕에 이파리 가장자리가 노랗게 브서지고 있었다. 내 눈에 프로방스는 반이 보라색이었다.

그 해 2018년, 팬톤이 정한 '올해의 색(The Pantone Color of the Year)'은 블루 베이스의 보라색, 울트라 바이올렛(ultra violet)이었다. 나는 청자색인 '페리윙클 블루'도 좋아하지만 적자색인 '로열 퍼플'을 더 좋아한다. 실버 이어링에서 퍼플을 지운 후에 나는 색 중에 정녕 퍼플만을 흠모한다. 블루와 레드를 섞어서 만드는 퍼플이 전하는 메시지는, 블루를 많이 섞으면 블루 쪽의 서늘함과 고요함이고, 레드를 많이 섞으면 레드 쪽의 따뜻함과 강렬함이다. 검정이 섞인 보라색인 가지색, 옅은 보라색인 라일락, 라벤더, 핑크에 가까운 후시아(fuchsia), 푸른색이 베이스인 페리윙클 블루, 붉은색이 더 많이 섞인 로열 퍼플 등이 보라색의 범주에 든다.

보라색은 '상상력이 풍부한', '창의력을 북돋우는', '감각이 예민한', '직관적인', '평범하지 않은', '헌신적인' 등의 긍정적인 정서와 '비현실적인', '퇴폐적인', '미숙한', '거만한' 등의 부정적인 분위기를 투사한다. 퍼플이 내포하는 화려하고 고급스러운 느낌은 트렌드와 상관없이 우리들의 정서에 강한 영향을 미친다.

중국의 색채학자가 쓴 한 색채론에는 보라색이 고귀함을 상징한다고 나온다. 또 중국인들이 퍼플을 레드보다 더 상서로운 색으로 여기고 '보라의 기를 지닌 사람'을 '고귀함과 권력', '부와 행운'을 가진 사람이라고 한다.

로열 퍼플은 로마제국 초기에 집정관 줄리어스 시저가 황족이

나 귀족들에게만 허락한 옷 색깔이다. 그런 이유로 그 자색 염료에 '로열 퍼플'이라는 이름이 붙었다. 지중해의 페리윙클이라는 고둥에서 자(紫)색 염료(티리안 퍼플tyrian purple)를 채취했는데 소량씩밖에 채취할 수 없어서 가격이 비쌌다고 한다. 시민들은 토가(긴 겉옷)의 가장자리만 퍼플로 염색을 해서 그들의 신분을 드러냈다.

유대교의 성막을 이루는 네 가지 원소 중에 바다를 상징하는 색이 자색이라 한다. 바다가 자색인 것은 그 색이 바다에서 나는 고둥 같은 패각류에서 채취한 염료이기 때문이었다고. 나머지 세 원소는 백색(땅), 청색(공기), 적색(불)이다.

우리나라는 삼국사기에 신라와 백제(고구려는 다르다)가 공통으로 관복의 색을 가장 높은 신분은 보라색, 그다음은 빨간색, 그 아래는 파란색을 입었다고 나온다.

일본은 아스카 시대인 603년 수이코 천황의 섭정 겸 황태자인 쇼도쿠 태자(聖德太子, 여자 천황인 수이코의 조카)가 백제의 관위 제를 따라 관직을 12계급으로 나누고 색으로 그 위계를 표시했는데, 가장 높은 관직은 보라색을 입도록 했다고 한다.

퍼플은 보헤미안의 색이기도 해서 체코슬로바키아제 보헤미안 크리스털은 퍼플이 많다. 인생을 자유롭고 편하게 사는 예술가들이나 작가들이 방을 퍼플로 장식한다고도 한다. 예술적이고 자유로운 색인 것 같다. 적색과 청색을 합쳐서 만든 보라색은 신과 인간의 중재를 맡은 성직자의 색이라고도 한다. 괴테가 그의 색채론에서 이 부분에 대해 '기분 나쁘게' 하는 이야기는 전하고 싶지 않다.

　유럽에서는 1차 세계대전이 끝난 1920년대에 내핍에서 사치와 풍요로 넘어가는 과정에 등장한 색이 퍼플이다. 1856년 영국의 화학자, 퍼킨18)에 의해 옅은 퍼플 컬러의 염색이 처음으로 등장한 이래 퍼플은 싼 가격 덕에 널리 퍼져 나간다. 게다가 빅토리아 여왕의 남편 앨버트 공이 1861년 42세로 죽자 온 나라가 애도의 물결로 뒤덮였고, 상복의 색인 퍼플은 점점 더 퍼져나갔다. 퍼킨 덕분에 '로열 퍼플'의 '로열'은 그냥 색이름일 뿐이다. 라틴계 사람들도 퍼플을 입고 장례식을 치른다고 한다.

　퍼플은 비즈니스에서 자신감과 개성을 동시에 드러내고 싶은 여성이 선택하면 좋은 색이다. 네이비 블루나 다크 그레이 대신 선택할 수도 있다. 너무 짙은 색이 아니면 TV 화면 속에서도 위너. 이브닝드레스 색으로도 검정 대신 쓸 수 있다고 하지만 미숙해 보이고 고급 취향으로 보여서 겸손해 보이고 싶은 자리에서는 부적합한 색이다.

　개인주의로 보이고 트러블 메이커라는 인상을 줄 수도 있다. 그래서 조화를 필요로 하거나 너무 두드러지면 곤란한 자리에는 피한다. 퍼플은 우울할 때 빠져나오게 하지 않고 더 끌어들인다고도 한다.

---

18) William Henry Perkin(1838~1907), 영국의 유기화학자. 1856년 아닐린으로 옅은 보라색 모브(mauve)라는 합성염료를 발견하면서 합성염료 공업을 일으킴. 모브를 발견한 지 50년 만인 1906년에 기사작위를 받는다.

이제 세상 사람들은 색이 전하는 메시지나 의미 등에 대해 은 연중에들 알고 있을 것이다. 어울리는 색에 대해서도 그렇다. 유행하는 색을 재빨리 알아내는 센스보다는 내가 '나처럼 보이게 하는 색'을 아는 감각이 더 중요한 것 같다. 유행색은 '세계 유행색 협회'에서 삼 년 전에 정하고 세계가 함께 준비하는 2년이 지나면 섬유를 비롯한 산업 전반에 걸쳐 그 색들이 최고의 시기를 맞아 활용된다. 유행의 변화들을 다 따라갈 수는 없는 일이지만 '트렌드'에 역행할 필요까지는 없지 않을까 한다. 각자의 라이프 스타일에 적합한 트렌드를 만나면 선택해서 창의성을 발휘하는 것이 중요한 세상이 되었다. 색도 스타일도 맞지 않는 유행은 선택하지 않으면 그만이다.

남에게 해가 되지 않는다 해도 지나치면 나쁘다. 나쁜 의도로 하지 않아도 지나치면 결국은 '일생의 보물'을 훼손(?)할 수도 있는데, 하물며 나쁜 의도로 하는 일이 지나치다견. 그건 생각하고 싶지 않다. 어쨌든 아픈 손으로 체력의 한계를 모르고, 스테로이드 기운으로 하는 일이 지나치면 어떻게 되는지 알았으니 반성해야겠다.

나의 보라석 아이리스를 기리며~.

2020년 6월

뉴턴의 아름다운 실험

- 무지개

어릴 때 살던 곳 말고는 마흔이 갓 넘어 일 년 동안 살았던 케임브리지를 좋아한다. 남편이 첫 안식년을 받았을 때, 영국 문화원에서 셰필드를 추천했지만 내가 케임브리지로 가겠다고 했었다. 문화원 측에서 셰필드를 추천하면서 『폭풍의 언덕』, 『제인 에어』의 배경이 된 Haworth까지 투어도 할 수 있다고 설득할 때는 좀 솔깃하기도 했지만, 살 곳으로는 케임브리지가 더 좋을 것 같았다. 안식년을 다녀온 후에 색채 관련 일로 런던을 방문할 때면 나는 혼자 케임브리지의 강이 보이는 호텔에서 한 이틀 묵기도 했다. 이십여 년이 지난 후, 남편이 정년 하던 해에 서영이가 다녀오라고 해서 얼마간 가 있을 때는 우리가 살던 집에도 갔었는데 동네가 변하지 않고 그대로여서 놀랐다. 거기서는 여행도 좀 쉬워서 유럽도 몇 번 갈 수 있었고 사는 집도 괜찮아서 우리 식구가 다 좋아했었다.

막냇동생이 예쁜 글씨로 써 보내는 봉함엽서는 큰(실제로는 아주 조그마한) 딸 영은이, 한 살 터울로 갓 태어난 조은이 얘기로 가득 차 있어서 마치 동화를 읽는 것 같았다. 둘째를 임신하고 달이 차가면서 숨이 차 힘들다고 했는데, 바티칸의 성당에서 다른 관광객들과 달리 동전이 아닌 10파운드짜리 지폐를 넣고, 천식약을 먹으면서 임신 중인 동생이 좀 수월하게 출산할 수 있기를 기도했다. 그다음 날 임신 8개월밖에 안 된 둘째를 낳았다고 해서 우리는 '기적이다' 하고 합창했었다.

그곳에 사는 동안, 일요일엔 킹스 칼리지 콰이어(*The Choir of King's College Cambridge*, 보이스 콰이어라 하지 않음은 대학생이 반은 섞여서?)가 부르는 아름다운 성가를 듣기 위해 미사에 갔다. 평일에는 서영이가 다니는 체스터튼 커뮤니티 칼리지 앞에서 수업이 끝나기를 기다렸었는데, 학교가 끝나면 교문 밖에 나오기가 무섭게 담배를 꺼내 무는 열두세 살 아이들을 보면서 '설마 저걸 배우진 않겠지?' 하며 좀 불안해했었다.

세 식구가 캠강 위로 난 좁은 나무다리를 지나 넓은 잔디를 가로질러 대학가로 들어가서 뉴턴이 다닌 트리니티 칼리지 마당에 있는 오래된 분수대(이름만 분수대, 물은 없었음)에 앉아 점심을 먹었다. 오래전 물이 있던 그 분수대에서 시인 바이런이 벌거벗고 목욕했다는 이야기들 하며 깔깔대고 웃었던 기억이 난다.

트리니티 칼리지를 졸업한 뉴턴은 학교에 남아 있다가 1665년 시작된 흑사병(the Black Death) 상황이 마치 지금 우리의 코로나 상황과 같았는지 이 년 가까이 학교가 문을 닫자 고향에 내려가 있었다고 한다. 고향집에 있는 동안 그는 프리즘으로 햇빛을 통과시켜 벽면에 일곱 빛깔 무지개가 굴절되어 나타나는 빛 분해 실험을 했다. 작은 구멍을 통해 입사된 햇빛이 프리즘을 통해 무지개색으로 분산되고 역으로 그 모든 색깔의 빛이 다 섞여 다시 흰색으로 모이는 실험을 수없이 반복한 그의 실험은 Robert P. Crease[19]교수가 자신의 칼럼 독자들에게 실시한 설문 조사에서 뽑은 '가장 아름다운 과학실험 열 가지' 중 네 번째였다.

우리 부부는 케임브리지에 있는 동안, 우리가 둘 다 문과라 따로 수학 공부도 시키면서 아이가 이과 쪽으로 진로를 정했으면 했다. 수학 과외를 해 준 교수님이 '이 사람은 앞으로 꼭 수학 관련 공부를 하는 게 좋을 것 같다'라고 했지만 이과를 졸업한 딸은 결국 인문학을 공부했다. 우리가 대학 시절 4년을 낭비한 데 대한 미안함을 피력할 때면 아이는 어른답게 '정신분석에 과학이 필요하다'라며 우리를 위로한다.

트리니티 칼리지의 분수대에서 나는 A레벨(영국의 수능)시험에서 받은 우수한 수학 성적 때문에 아이가 꼭 이과에 갈 줄 알았다. 보이는 게 다가 아닌 걸 너무 늦게 깨달은 거다. 딸은 최근에 직관형인 아버지는 어려운 경제학책을 읽는 대신 미래의 큰 그림을 봤어야 했고 감각형인 엄마는 딸이 어릴 때부터 어떤

---

19) *The Prism and the Pendulum*(2003)의 저자. 우리나라에는 부제 *The Ten Most Beautiful Experiments in Science*『세상에서 가장 아름다운 실험 열 가지』라는 제목으로 출간되어 있다.

걸 좋아하는지 알아볼 수 있어야 했다고 아픈 소리를 했다. 결국 트리니티 칼리지 출신 과학자 뉴턴의 무지개는 내가 접수하는 걸로 우리 가족의 케임브리지 시대가 끝났다.

딸아이가 영국에서 정신분석학을 공부하는 동안, 내가 색채 일로 런던을 오가는 길에 딸에게 가면, 그곳의 대학 기숙사나 렌트 하우스 온 집안에 칠해진 흰색이 편하지 않았던 기억이 난다. 생각해 보면 케임브리지의 집도 그랬던 것 같은데, 그곳에서는 집도 방들도 계단도 좁아서였는지 벽과 창틀을 흰색으로 새로 칠하고 나면 그 탁한 흰색이 답답했다.

괴테 지지자인 비트겐슈타인이 그의 『색채론』(Remarks on Color) 첫머리에 순백색 종이를 눈(雪) 옆에 대면 '옅은 회색'으로 보인다고 한 건 색의 상호작용에 관한 언급이다. 그가 불투명하다(opaque)고 한 그 답답한 흰색을 방의 온 벽, 그리고 우리의 창들과 달리 길고 좁게 난, 창을 아래위로 여는 창틀까지 다 칠해서 그랬는지 좀 답답했다. 우리 집 흰색 벽이 답답한 느낌이 덜 한 건 서재와 집안의 모든 벽에 남편의 책들이 색색으로 가득 꽂혀 있어서인 것 같다. 결국 문제는 보완하는 다른 색이 없는 것과 흰색의 양이었다.

『동아일보』에 연재했던 「색깔 이야기」첫 회를 다이애나 왕세자비의 웨딩드레스에 대한 언급으로 시작했다. 색깔은 clear, warm인 그녀와 맞았지만, 스타일이 체형과 맞지 않는다는 이야기를 했었다. 그녀가 007 영화의 시사회에 입고 나온 잘 어울렸던 스트레이트 라인의 드레스와 비교해서 썼는데, 어울리지 않아서 불편해 보이던 웨딩드레스처럼, 편하지 않았던 그녀의 결혼생활에 대한 연민의 마음으로 쓴 글이었다.

　막냇동생이 입었던 웨딩드레스는 순백색이었다. 어머니의 정갈한 흰색 모시 적삼을 떠올리게 했던 동생의 웨딩드레스 자락에서 나는 무지개를 보았었다. 오랜 외로움의 끝이라 믿었기 때문이었다. 그때는 그랬다. 그 무지개 한 색 한 색이 현실이 되어 빛나는 꿈을 꾸어왔었다. 동생을 챙기지 못한 마음의 빚 때문에 내가 소망하던 꿈이었는지도 모른다. 작은 아이 조은이가 따뜻한 남자를 만나 결혼해서 잘 살고 있고, 큰(지금도 여전히 몸집이 작은) 아이, 이영은 세실리아가 미국의 코로나 한가운데서 박사를 끝내고, 하루가 넘는 비행 시간 동안을 물 한 모금 마시지 않는 단식으로 버틴 끝에 한국으로 돌아와, 모교에서 강의 두 과목을 맡게 되었다. 서류들을 제출하고 마음 졸이며 기다리다 강사 임용이 확정된 날, 나는 제 엄마 웨딩드레스에 어리던 꿈 하나가 이루어지는 걸 느꼈다. 영은이가 미네소타의 'Black Lives Matter' 시위 속에서 빠지지 않고 성당에 나가 성가대를 지휘하고 기도처럼 노래하던 모습을 그곳의 가톨릭 방송으로 보곤 했다. "걱정 대신 기도"를 반복하던 시간들이 잘 끝나 감사하다.

　괴테는 흰색을 가장 고상한 색이라고 하면서 피부색 관련 인종차별로 보이는 언급을 하고, 빨간색을 언급할 때도 '야만인' 운운 발언을 한다. 이백 년이 지난 지금, 우리는 그 차별적인 내용들이 옳지 않음을 안다. 이미 죽어서 반박할 수 없는 뉴턴에 대해 분노하고 그의 광학에 대해 폄하한다. 심지어 증오하는 그를 우리는 어떻게 보는 것이 옳을까? 그 둘이 동시대의 존재들이었다면 싸우면서 서로의 오류를 바로잡을 수 있지 않았을까. 영국의 뉴턴과 독일의 괴테, 두 사람에 대해 후대의 학자들이 대리전을 하는 것만 같은 양상은 마치 미적분에 관한 뉴턴과 라이프니츠의 오랜 논쟁처럼 시간만 보내는 건 아닌지.

지금은 무지개에 대해, 죽고 없는 뉴턴에게 그가 마치 사기를 치기나 한 듯이 딴지를 거는 사람들도 있다. 고작, '무지거가 일곱 색이 아닌데, 뉴턴이 음악의 일곱 음계와 맞추느라 분리했다'는 정도인데, 대단한 시빗거리는 아닌 듯하다. 므지개를 보고 잠시 동심으로 돌아가 행복하면 되는 거지, 눈으로 볼 수 있는 가시광선 다섯 가지를 일곱 가지로 나누었다고 해서 뭐가 얼마나 문제 되는지 이해할 수 없다. 빨강에서 노랑으로 가는 길에 '주황'이 있고 파랑에서 도라로 가는 길에 '인디고'가 있으니 없는 걸 끼워 넣은 것도 아니지 않나.

괴테의 감각 인상을 전제로 한 『색채론』은 뉴턴의 과학을 기초로 한 『광학』과 애초에 비교할 수 없는 분야라는 생각을 한다. 독일의 물리학자이며 철학자인 바이츠제커는 하이네를 인용하면서 뉴턴의 방법은 바다 위를 항해하는 선박들이 등대를 보고 방향을 잡는 것이고 괴테의 방법은 하늘의 별을 보고 항로를 잡는 것이라 했다고 한다. 이 말이 내게는 지극히 '괴테적'으로 들린다. 과학자 뉴턴의 광학과 수많은 과학실험을 했지만 여전히 인문학자, 시인, 소설가인 괴테의 색채론을 비교하면서 어느 쪽이 옳다고 할 수는 없을 것 같다.

흰색은 우아한, 순결한, 자유로운, 꿈꾸는 듯한, 정직한, 신선한, 현대적인 등과 같은 느낌 이외에 무색의, 깨끗한, 추운, 중성의 느낌도 줄 수 있다고 한다. 블랙과의 대비로 강한 인상을 줄 수 있고 뉴트럴 컬러와 함께 입으면 우아한 멋을 낼 수 있다. 그레이, 핑크, 라벤더, 블루 등과도 잘 어울린다. 위생이나 병원 같은 곳이 연상되기도 한다.

나는 흰색 하면 어릴 때 한학자시던 할아버지 친구분 몇이 사랑에 드나드실 때 입고 오시던 모시 두루마기와 할아버지 장례식에서 어머니가 입었던 흰 무명옷이 떠오른다. 음식 참견을 하시느라 치마 한 자락을 허리끈 속으로 조금 올려 입으시고 마당을 바삐 걸어 다니실 때 입으셨던 상복의 흰색이다.

이제 내게 남은 건 나를 용서하는 일이다. 나를 보호자로 생각했던 막냇동생에게 보호자가 되지 못했던 죄책감을 내려놓고, 아름다운 무지개를 모아 세상에서 가장 순수한 흰빛으로 가는 여정을 잘 마무리할 수 있기를 기도한다. 내 안에 오래 자리해 온 아름다운 무지개를 조심스럽게 거두어 다시 가장 단아한 흰빛으로 돌아갈 날을 기다리며 세상의 모든 아름다운 인연들에 감사하는 일만 남은 것 같다.

2020년 9월

볼프강 보르헤르트의 잿빛
그리고 민들레

왼쪽 팔이 갑자기 아프기 시작해서 어깨부터 손목까지 살이 찢어지는 것 같은 통증을 보름 넘게 엉엉 울면서 참았다. 많이 아파봐서 아픈 건 잘 참는다고 생각했는데, 류머티즘 내과 예약 날까지 뜨거운 찜질로 버티는 게 너무 힘들었다.

통증을 누그러뜨리느라 종일 핫팩을 계속하면서 진통 소염 로션들, 선물 받은 멘톨이 들어있는 호랑이 크림 다섯 개와 류머티즘 내과에서 처방해 준 남아 있던 파스도 다 썼다. 밤 동안에 팔에 도배했던 파스를 떼고 핫팩을 하면 피부를 물고 떨어진 파스 자국이 따갑다. 거기에 안티푸라민 로션, 멘소래담 등을 바르면, 「지구를 지켜라」[20]가 따로 없다. 그 크림이나 로션들이 진통 효과가 있는 것 같았지만 아픈 건 여전히 못 참을 정도였다.

---

20) 영화 「지구를 지켜라」에 나오는 장면으로 외계인을 찾아내느라 피부를 벗긴 후 물파스를 바른다.

호스피스팀 동료들과 북한산 둘레 길을 걷다가 미처 움푹 파인 바닥을 못 보고 넘어져서 왼쪽 발목뼈 하나가 부러졌을 때, 정형외과 교수님이 죽어도 통 속에 못 들어간다는 내게 MRI를 못 찍으면 확실한 결론을 내릴 수 없다며 그냥 석고만 붙여준 생각이 나서 미리 병원에 가도 별로 할 게 없다고 생각했었다.

염증 검사 등이 다 괜찮다는 류머티즘 내과 교수님께 팔이 많이 아프다고 엄살(말이 그렇지 정말 많이 아팠으니까)을 심하게 해서 당일 예약으로 재활의학과 진료를 받을 수 있었다. 최근 진료에서 약을 줄이자고 하던 교수님이 수치가 다 좋으니 이제 스테로이드를 끊어도 될 것 같다는 말씀을 할 것 같은 타이밍에 내가 제대로 듣지도 않고 팔이 아파 죽는다고 난리를 했더니 '조사'를 해 보면 된다고 했다. 아프기 시작했을 때 바로 진료를 받았어야 했던 거다.

재활의학과 선생님은 초음파로 팔을 훑고 나서 힘줄이 상한 것 같다며 팔꿈치 관절에 있는 하얀 석회를 초음파로 보여주었다. 관절 위에 약을 뿌리겠다는 별로 무섭지 않은 말과 다르게 주사는 뼈 가까이여서 아팠다. 팔이 어깨부터 손목까지 아프다고 했더니 교수님은 그걸 '전이 통증'이라 했다. 병원에서 효과가 있다고 한 핫팩을 계속하고, 처방해 준 크림으로 마사지를 하면서 '전이 통증'을 명상하다가 나는 그 통증이 아주 오래전에 내가 느낀 적 있는 '아는 통증'이라는 생각이 났다.

볼프강 보르헤르트[21])의 작품들 속에 나오는 잿빛들. 동토의 전장과 병원과 감옥을 오가면서 겪은, 통증과 굶주림, 고독과 고통으로 가득 찬 그의 글을 읽으면서 내가 몸으로 느꼈던 그 통증이 바로 '전이 통증'이었던 거다. 나는 쉽게 공감하고 쉽게 전이되는 사람이다. 호스피스에는 좋은 성질인지 모르지만 그렇다 해도 남의 일에나 제 일에나 시도 때도 없이 눈물 바람 하는 건 좀 그렇다.

볼프강 보르헤르트의 시와 산문에는 색깔이 많이 나온다. 가장 많이 나오는 색은 잿빛이다. 잿빛 이외의 다른 색들도 다 어둡고 슬프다. 심지어 '보랏빛'을 항구의 사궁창 색이라고까지 했던 것 같다. 보르헤르트의 첫 산문 「민들레」는 스무 살에 전쟁에 나가서, 전장과 감옥, 병원, 다시 수감 그리고 다시 또 전장으로 끌려다니던 그가 미결수로 3개월간 누른베르크 감옥의 독방에 수감되었을 때의 체험을 바탕으로 쓴 소설이라 한다. 그는 잿빛 담장 안에 갇힌 재소자 77명과 하루에 30분 동안 같이하는 '원을 그리며 돌기' 중에 발견한 노란 민들레를 마치 전장에서 작전을 하듯 치밀한 전술을 써서 따는 데 성공한다. 그는 드디어 살아있는 생명, 노란색 민들레를 감방 안으로 들여와 양철 물 잔에 담는다. '위도 텅 비고 가슴도 텅 빈'이라던 그는 마당을 돌며 발견한 노란 점이 한 송이 작은 민들레임을 알고 나서, '민들레를 소유하는 대가를 지불해야 한다면 나는 날마다 배급받는 빵을 전부 줄 수도 있었을 것'이라 했었다. 죽음이 지척에, 바로 앞에

---

21) Wolfgang Borchert(1921~1947) 독일의 시인, 극작가.

걷는 사람에게 일어나는 잿빛의 현실 속에서 민들레는 노란 점으로 그의 고독 안으로 단번에 들어왔다. 민들레를 두고 432호 독방의 병든 수감자인 주인공은 "그 꽃의 순결한 서늘함을 마치 아버지의 목소리처럼 느낀다."라고 한다. 그는 독방으로 돌아와 노란 민들레꽃을 물 잔에 담아놓고 나서 그의 꽃과 마주 앉아서 말한다. "모든 것을 벗어 던지고 훌훌 털어버릴 정도로 아주 홀가분하고 행복했다. 갇힌 신세, 외로움, 사랑에 대한 굶주림, 스물두 해 동안의 속수무책 상태, 현재와 미래, 세상과 기독교 같은- 그렇다. 이런 것까지도!"

그의 작품에는 색채상징이 많다. 거의 모든 작품에 등장하는 잿빛은 전쟁과 함께 시작되어 전후에 그가 겪은 고독과 굶주림, 병과 폐허를 상징하는 색인지도 모른다. 글에 나오는 잿빛 외의 색들마저 내 눈엔 모두 잿빛이 덧씌워져 있는 것 같다. 그가 말하는 색채들조차 왜곡되어 본연의 색 그 자체가 아니다. 김완선의 「가장무도회」를 떠올리게 하는 볼프강 보르헤르트의 시 「전설」의 전문이다.

저녁마다 그녀는 잿빛
고독 속에서 기다리며 행복을 동경한다.
아, 그녀의 눈동자 속에 슬픔이 둥지를 트는 것은,
그 임이 이제 돌아오지 않는 까닭이다.

어느 날 밤 아마도 어두운 바람이

마법을 걸어 그녀를 가로등으로 변하지 했다.
그 불빛을 받으며 행복한 연인들은
나직이 속삭인다. 난 널 좋아해….22)

김완선의 「가장무도회」 앞부분

해가 지면 거리는 잿빛 화장하고
언제나 표정 없는 얼굴로
사랑하지 않아도 애인 될 수 있는
외로운 사람들이 축제를 하네

 색채상징은 대부분의 사람들에게 보편적으로 통하는 정서를 말하지만, 개인이 경험한 사적인 사건이나 그가 속한 특정한 문화 속에서 이루어지고 있는 독특한 정서가 형성되어있다는 것을 전제한다. 개인이 느끼는 색에 대한 사적인 정서는 다양해서, 빨간색을 보고 '사과'나 '꽃'을 연상하고 좋아하는 사람이 있는가 하면 빨간색을 보면 피를 떠올리며 불편해하는 사람도 있다. 그가 과거에 그 색깔과 관련된 어떤 경험을 했는가가 사적인 색채 상징의 주요한 관건이 된다.
 회색은 흰색과 검은색을 섞어서 만드는 색으로 흰색, 검은색과 마찬가지로 일반적인 의미의 색이라고 할 수 없다. 그런데도 우리는 흰색(white color), 회색(grey color), 검은색(black color)이라 부

---

22) Wolfgang Borchert『볼프강 보르헤르트 전집: 그리고 아무도 어디로 가는지 모른다』 박병덕 옮김, 현대문학 참조.

른다. 어린 시절 해를 뚫어지게 바라보다가 눈을 감으면 빨간색의 보색인 초록색이 보이는 실험(?)을 했다. 그건 바로 보색으로 시신경이 평형을 이루는 회색을 만드는, 눈이 하는 작업이다. 나는 첫 색채 책에서 그 과정을 설명하면서 회색을 오랜 친구처럼, 해로한 부부처럼 편한 색이라 했다. 그때는 젊어서, 나이가 들면 부부가 그렇게 시신경에 부담을 주지 않는 회색처럼 편안할 거라 생각했던 것 같다. 배려가 많아지는 건 맞는 것 같지만 그렇게 편한 건 아닌 것 같다. 서로 조심하고 배려하면 다 편한 관계라 할 수 있나? 그냥 회색이 편한 색이라는 말이다.

 회색이 흰색 쪽으로 기울면, 흰색의 정서인 고립된 느낌을 줄 수도 있지만, 흰색의 순수함과 명료한 사고 등 긍정적인 정서를 같이 드러낼 수도 있다. 회색은 고요하고 요란하지 않은 색으로 그 속에서 우리는 안전함, 편안함을 느낀다. 또한 슬픔이나 우울감을 가중시키고 방향성을 잃게 할 수도 있다.

 회색이 검정 쪽으로 기울면, 검은색의 정서인 물(동양에서는 검정이 물을 상징한다)의 성질로 인해 영감을 주는 원천이 되기도 하지만 검정 쪽으로 지나치게 치우치면(검정을 너무 많이 섞으면) '억압적인' 느낌을 줄 수 있고 검은색의 부정적인 정서인 어둡고, 우울하고, 숨 막히는 분위기를 만들기도 한다. 조금 검은 회색은 '신중함', '지혜', '불변성' 같은 긍정적인 느낌을 줄 수 있다. 이도 저도 아닌, '회색분자'라는 말도 이런 정조에서 나왔을 것이다.

 회색에 흰색이나 선명한 색상(vivid colors)을 같이 써서 대비를 만들면 드라마틱하게 완벽한 느낌을 연출하는 데 효과적이다. 회색은 아무리 검정에 가깝게(잿빛 정도로) 가져가도 검정과는 달라서 장례식이나 상복을 연상하게 하진 않는다. 심지어 잿빛은 남자들이 입는 최고의 정장 색 중 하나가 아닌가?

팔이 나으면 제일 먼저 옷장을 정리하려 한다. 그리고 수십 년 입어 온 상복, '애도하는 검은색' 정장들을 한 벌로 입진 않을 생각이다. 432호 듣방에 갇힌 그가 잿빛의 담장 안에서 노란 점으로 그에게 온 민들레를 발견한 것처럼 나도 잿빛 코트에 노란 민들레 색 스카프를 두르고 나를 살게 한 좋은 기억만 보듬을 생각이다.

2020년 10월

가을의 끝,
자작나무 숲의 환상

　가을 들판에 곡식이 가득할 때는 몸이 좀 힘들어도 견딜 만하다. 기온이 낮아지면 더 이상 엽록소를 이파리로 올려보내지 않는 나무들이 대신 노랗고 빨간 색소들을 올려보내 이파리들을 물들인다. 가을이 깊어진 다음에도 예쁘게 물든 단풍이 있어 그렇게 쓸쓸하지 않다. 숲에 나뭇잎이 떨어져 쌓이고 들판에 곡식들을 거둬들이고 나면 황금색이 사라진 곳에 더러 검게 태운 자국들까지 더해져서 그때는 마음이 허허벌판 같아진다. 그래서 가을의 끝은 연락이 끊어진 친구처럼 마음을 쓸쓸하게 한다.
　친구가 보여주던 금빛이 일렁이는 가을 들판은 나를 어린 시절 고향으로 데려다주곤 했다. 그러나 가을 끝자락에 그가 렌즈에 담던 자작나무 숲은 겨울을 향해 뻗은 검은 가지 아래 너무 차가워 보이는, 흰 칠한 기둥 줄기가 느닷없이 앞을 막는 것 같아 숨이 막혔다. 친구가 좋아하는 자작나무숲에 가면 난 늘 소름이 돋았다.

　여학생이 두 명뿐이던 대형 강의실은 중간중간에 기둥 몇 개가 서 있었다. 수강생이 백 명은 되어 보이던 그 강의는 수강 신청 변경을 하라는 전달을 늦게 받은 내가 선택할 수 있는 유일한 과목이었다. 한 주가 지난 다음에 조금 늦게 들어간 강의실에는 학생들이 가득 차서 가운데 통로 쪽, 중간보다 좀 뒤에 여러 명이 앉는 긴 의자가 비어있었다. 교수님이 보이는 통로 쪽에 앉았는데 원래 강의실에서 내가 좋아하는 자리는 좀 앞쪽이었지만 그런대로 마음에 드는 자리였다. 옆자리가 비어있어서 다행이다 싶었는데, 강의가 끝날 때 봤더니 세 시간 강의 언저쯤 들어왔는지 의자 중간 자리에 사람이 앉아 있었다. 앉은키가 나보다 훨씬 컸다. 한 주 늦게 들어가서 내가 앉은 자리가 원래 그 사람이 앉던 자리였나 했지만 그 후에 내가 늦게 가는 날도 그 복학생(안 물어봐서 확실치 않지만)이 의자 가운데 자리에 앉아 있어서 같은 자리에 그냥 앉았다.

　그 복학생은 한 학기 내내 한 자리 비우고 옆자리에 앉으면서 눈인사도 없이 말 한마디 안 건네고 겁주더니 학기 말 시험 시간에 책 한 권 다 읽고 가느라 밤새고 어질어질하면서 강의실에 들어간 내가 앞에 있던 기둥이 얼굴을 덮치는 이상한 경험을 하게 했다. 휴게실 소다까지 어떻게 갔는지는 기억나지 않는다. 꼭 그 사람 탓이 아니었을 수도 있지만 좀 불편했던 건 사실이다.

가슴을 써늘하게 만드는 그런 이상한 느낌이랄까, 그런 공포에 가까운 위압감 같은. 러시아 민화 속 자작나무숲까지 포개져 어마어마해진 눈앞의 흰 숲이 하필 그 이상한 선배를 떠올렸는지. 혹시 그 선배가 베트남전에 다녀온 후 복학을 했는지도 모르겠다는 생각이 갑자기 드는 건 뭐지? 재시험을 보러 오라는 연락을 받고 연구실로 찾아갔을 때 교수님은 기말을 아파서 못 본 거니 중간고사 성적으로 학점을 주겠다고 하셨다.

일이 끝나면 친구와 같이 서둘러 나가곤 하던, 마치 산책 같았던 짧은 여행들에서 마주치던 강과 언덕과 산자락을 잊지 못한다. 우리가 함께했던 십 년이 넘는 짧지 않은 시간 동안 서울서 차로 두세 시간이면 갈 수 있는 예쁜 길들을 많이도 돌아다녔다. 멀리 나가도 대관령을 넘어갈 정도는 아니었던 그 목적지들은 친구가 새벽에 밤에 사진동아리 사람들과 출사를 다니던 곳이라 했다.

대관령 옛길은 새 고속도로가 생기기 전에 수없이 지나던 길이었지만 그 자작나무숲의 흰 나무 그림자들을 자세히 본 기억이 없었다. 막냇동생이 살던 강릉을 다니면서 대관령에 들어서기 전에, 멀미 각오를 하며 잠시 쉬던 휴게소에 차를 두고, 친구는 마치 동네 골목길을 가듯이 아무렇지도 않게 성큼성큼 걸어서 나를 자작나무숲 한가운데 서 있게 하곤 했다. 전체 풍경을 둘러볼 새도 없이 숨이 차게 따라간 내게는 흰색으로 가득한 그곳이 마치 순간이동을 한 것처럼 그렇게 생경한 분위기랄까 그랬다.

친구는 겨울에 들어가는 자작나무숲이 더 좋다고 했다.

몇 년 전 내가 많이 아파서 운전을 하지 않을 때는 혼자 움직이는 일이 쉽지 않아 가까운 거리도 동행 없이 나갈 수 없는 형편이었지만 그전까지만 해도 자작나무숲을 보려고 대관령 옛길로 들어서기 전 그 휴게소에 몇 번 차를 세우기도 했다. 그 자작나무숲에 친구의 기억이 있어서였다.

어릴 때 아버지께서 우리가 앉아 놀던 데마다 창틀에 흰 페인트를 적신 납작한 붓으로 대강 초벌칠을 마쳤을 때처럼 거칠어 보이는 자작나무의 흰색은 난데없이 내가 가끔 씁쓸한 느낌으로 기억하는 불편한 선배를 떠올리게 했지만, 또 한편으로는 친구 덕분에 강의실 가운데 있던 기둥이 눈앞을 덮치던 나의 흑역사를 담담하게 기억할 수 있게 된 것 같기도 하다.

언젠가 친구는 풀밭에서 네잎클로버 열 개를 찾아준 적이 있다. 나는 그 네잎클로버를 Argos 쇼핑 카탈로그 안에 펴서 넣어 두었다. 그러나 네잎클로버가 상징하는 행운은 그냥 나폴레옹의 것일 뿐이었는지 우리는 헤어졌다. 친구가 일을 그만두었기 때문이었다. 친구와 내가 호스피스팀 안에서 서로 하는 일이 달라서 그쪽에서 어떤 일이 일어났는지 자세한 경위를 알 수 없었지만, 팀 전체와 소통이 없는 상황에서 벌어진 일이었고, 급작스레 통고받은 친구의 면직이어서 생각을 정리하고 상황을 조정할 경황이 없었다. 우리가 듣게 되었을 때는 이미 상황이 종료되고 홈페이지에 사과인지 유감인지를 표명하는 짧은 기사가 올라온 다음이기도 해서였다. 내가 친구에게 연락하지 않았던 건 공교롭게도 우리가 서로 생각이 달라 좀 서먹했던 일이 있었던 후여서, 마음이 불편했지만 잘 모르는 일에 대해 의견을 이야기할 수도 없었다. 다른 동료들처럼 쉬다가도 시간이 지나면 다시 나올 수 있을 줄 알았고 당연히 우리가 다시 만나 오래 함께할 줄 알았다. 친구를 만나지 못한 채 몇 해가 지나자, 좀 불편했어도 진작 연락을 할 걸 그랬다는 생각에 가을이 끝날 무렵, 단풍이 성글어질 때쯤이면 마음이 울컥할 때가 있다.

나는 가을 여행이 좋아서 일이 끝나면 친구 얼굴을 쳐다보곤 했다. 친구는 가을은 쓸쓸해서 차라리 겨울이 더 좋다고 하면서도 오래된 은행나무 단풍을 보러 가던 유명산 길 곡선구간에서 절절매는 나 대신 운전대를 잡아주었다. 겨울에도 눈이 많이 오는 날이 아니면 친구는 거의 매주 꽤 멀리 나갔다 돌아오는 소풍에 나를 초대했다. 운전을 잘해서인지 친구가 타는 집채만 한 SUV는 마치 기차를 탄 것처럼 편안했다. 돌아오는 길에 친구가 다시 서울로 오지 않을 때만 내가 차를 가져갔다. 어느 날 차에서 내리기 전 친구는 '가을이 끝날 때쯤은 너무 쓸쓸하다'며 가을에 하는 이별이 제일 나쁜 것 같다고 했던 것 같다. 그래서 차라리 겨울을 좋아한다고 했는지도.

친구가 일을 그만둔 그때쯤, 휴대전화 번호 앞자리가 일괄 010으로 바뀌면서 우리는(엄밀히 말하면 '나는') 연락할 길이 없어지고 말았다. 아들까지 세 식구가 다 태권도 유단자라던 그 집 식구가 다 합치면 16단인지 얼마인지라 했던 생각이 나서 솜씨 좋은 엄마가 텃밭의 푸성귀들로 차려낸 풍성한 식탁에 거구 셋이 둘러앉은 상상을 하고 속으로 '와~' 할 때가 있다. 가을이 아니어도 마음이 쓸쓸한 날, 010으로 시작하는, 내게 익숙한 번호에 숫자 하나를 더해서 여덟 자리를 만들어 전화를 해 본다. 그런 식의 조합이 만드는 그 모든 경우의 수를 죽기 전에 다 만들 수 있을지 모른다 하면서.

2019년 11월

그럼에도 불구하고

오래전, 성 빈센트 병원 임상 사목 교육센터에서, 병원 사목을 하는 신부님, 목사님, 스님, 상담사, 사회복지사, 호스피스 병동에서 근무하는 의사, 자원봉사자 등을 대상으로 하는 임상 사목 교육(CPE)[23]을 받았다. 신부님은 내가 「그럼에도 불구하고」라 번역한 시, 「Anyway」를 「그래도」라고 번역하셨다.

'그럼에도 불구하고' 사랑하고, 선한 일을 하고, 정직하고, 당신이 가진 가장 좋은 것을 주라고 하는 아름다운 말들이 아플 때가 있다. 얼마 전 친구에게 들었던 이야기가 며칠이 지난 지금도 여전히 불편하다. 어머니가 다리를 다쳐 움직이지 못하자 아들이 돌볼 사람이 없으니 다리가 나을 때까지 병원(요양병원)에 입원하시면 좋겠다고 했다 한다. 요양병원에서 먹고 씻는 일상을

---

[23] CPE(Clinical Pastoral Education): 1920년대에 미국에서 시작. 병원 등 사목 현장에서 환자나 내담자에 대한 영적 돌봄을 위해 일하는 성직자나 상담자들을 위한 전문적인 교육.

도와주는 사람이 있으면 좀 편할 것 같고, 아들 내외도 자기 때문에 직장을 쉬는 일이 없을 터라 다리만 나으면 돌아올 거라는 생각으로 별 준비 없이 입원을 했다는 거다. 요양병원의 의사는 나이가 들면 골절된 부위가 다시 붙을 때까지 시간이 오래 걸린다고 했고 그녀는 모든 것이 불편했지만 얼마간의 시간을 보내면 집으로 돌아갈 수 있다고 생각했던 것 같다.

그 얼마간의 시간이란 게 좀 오래 걸리면서 가끔 방문하던 아들 내외가 찾아오는 횟수가 줄다가 아예 발을 끊었을 때. 그녀는 병원에서도 존중받지 못한다는 불편한 느낌이 들기 시작했고 그때쯤 자신을 찾아온 친구에게 은행에 가서 예금을 찾아다 달라고 부탁했는데 친구는 예금을 찾아오지 못했다. 알고 보니 예금주가 금치산자로 되어 있었기 때문이었다. 아들이 어머니에 대해 법원에 낸 금치산 청구가 받아들여지면서 한 개인의 재산권이 박탈된 것이다. 그런 식으로 판사가 결정하면 끝인 건지, 당사자를 만나서 확인하지 않고 그런 엄청난 일이 가능한 건지. 딱한 일이었다.

그제야 상황 파악이 된 어머니는 친구에게 당신이 아들에게 부탁해 놓고 정신이 없어 깜빡했다며 건망증이 점점 심해진다고 했다는 거다. 오래 걸려도 어쨌든 시간이 지나면 다리가 나을 것이고 퇴원을 해야 할 텐데 그분은 어떻게 해야 할까? 친구에게 들었던 이야기는 여기까지이다. 아들이 혹시 '나쁜 놈' 소리라도 들을까 거짓말을 한 건데 어쩌면 좋으냐고 하는 말밖에 할 말이

219

없었다고 했다.

언젠가 어느 신문의 기자가 요양보호사로 요양병원에 취직을 해서 실태조사를 하고 올린 기사를 본 적이 있다. 모든 요양병원이 다 그렇지 않기를 바라지만, 아직 정신이 멀쩡한 사람이 섞여 있는 데도 입원환자들의 인권도 인간적인 존엄도 존재하지 않는 병원의 실상에 대한 보도를 읽으며 분노했었다.

대학병원에서 호스피스 봉사를 할 때, 팀에 복지사가 있으면 좋을 것 같아 바쁜 시간을 쪼개어 세 대학에서 네 학기에 걸쳐 사회복지 학사학위를 받는 데 필요한 과목들을 이수했다. 마지막 학기에 데이케어 센터에서 실습을 하는 동안, 치매 환자들을 옆에서 보면서 마음이 힘들었던 기억이 난다. 특히 한 주일에 한 번 단체로 하는 목욕 시간이 그랬다. 기자가 보도한 것처럼 병실에서 옷을 다 벗고 판자 같은 것을 앞뒤에 대고 줄을 서서 목욕실까지 가는 건 아니었지만 봉사자들이 세신을 하는 과정이 불편했다.

친구는 그분이 다리를 다쳐 운신이 힘들지만, 정신은 멀쩡한 상태로 입원을 했는데, 치매 환자가 태반인 그곳에서 처음에 낸 얼마간의 입원비마저 떨어지면 어떻게 될지 걱정이라고 했다.

모든 부모가 다 '그럼에도 불구하고' 사랑하고, 자신이 가진 가장 좋은 것을 자식에게 주지 않나? 그중에 더러 날짐승이나 곤충보다 못한 부모도 있음을 우리가 알지만 그런 부모 이야기는 하고 싶지 않다. 그렇다 해도 마음이 아프다. 그런 자식을 둔

불쌍한 부모 때문이기도 하지만 그 자식 때문에도 그렇다. 그들이 곧 늙고 병들 것이기 때문이다. 그럼에도 불구하고, 용서하고 그럼에도 불구하고 사랑하고 그리고 기도할 수 있을까?

계명은 '가장 좋은 것을 주어도 결코 충분하지 않으니 그럼에도 불구하고 가지고 있는 가장 좋은 것을 주라'고 한다. 기도문의 몇 가지 버전 중에 '결국 그건 당신과 그들과의 문제가 아닌 당신과 하느님과의 문제'라는 문장 하나가 더 붙어 있는 인용도 있다.

캘커타 어린이의 집 '쉬슈 브라반' 벽의 표지판에 적혀있는 「그럼에도 불구하고 실천하라」(Do It Anyway)는 '마더 테레사의 기도'라 알려져 있지만 원래 켄트 케이스(Dr. Kent M. Keith)가 하버드대 재학 시절에 만든 「역설적인 계명」(Paradoxical Commandments)이라고 한다. '역설적인 계명'이 맞지만 자꾸 읽다보면 말이 된다. 그러나 오직 마더 테레사만 가능한 기도가 아닐까? 그분께서는 그렇게 사셨으니.

그분이 온몸으로 보여주신 아름다운 계명, '그럼에도 불구하고'를 가끔 되뇐다. '그럼에도 불구하고' 사랑하고, 선한 일을 하고, 정직하고 솔직하고, 가장 좋은 것을 내어주는 그런 삶에 대해 묵상한다.

Mother Teresa:「Do It Anyway」
그럼에도 불구하고 실천하라

People are illogical, unreasonable, and self-centered.

Love them anyway.

사람들은 불합리하고 비논리적이고 이기적이다. 그럼에도 불구하고 사랑하라.

If you do good, people will accuse you of selfish ulterior motives.

Do good anyway.

당신이 선한 일을 하면 이기적이고 불순한 동기에서 하는 거라고 비난할 것이다. 그럼에도 불구하고 선한 일을 하라.

……

People really need help but may attack you if you do help them.

Help people anyway.

사람들은 정말 도움이 필요하지만 당신이 그들을 도와주면 당신을 공격할지 모른다. 그럼에도 불구하고 도와주어라.

Give the world the best you have and you'll get kicked in the teeth.

Give the world the best you have anyway.

사람들에게 당신이 가진 가장 좋은 것을 주고도 마음을 다칠 것이다. 그럼에도 불구하고 가장 좋은 것을 내어주어라.

You see, in the final analysis, it is between you and God.

It was never between you and them anyway.

결국, 그건 당신과 하느님의 문제이지 결코 당신과 그들 사이의 문제가 아니기 때문이다.

2019년 10월

겨울 강을 건너듯

Watch your thought, for they become words.
Watch your words, for they become actions.
Watch your actions, for they become habits.
Watch your habits, for they become your character.
And watch your character, for it becomes your destiny.

잘 생각하라, 생각은 말이 된다.
말을 조심하라, 말은 행동이 된다.
행동을 조심하라, 행동은 습관이 된다.
좋은 습관을 길러라, 습관은 성격이 된다.
좋은 성격을 가져라, 성격은 운명이 된다.

생각은 말이 되그
말은 행동이 되고

행동은 습관이 되고
　　습관은 성격이 되고
　　성격은 운명이 된다.

　위의 영어는 영화 『철의 여인』(The Iron Lady, 2012)에 나오는 메릴 스트립의 대사이다. 그리고 아래는 2007년 이화대학에서 한 학기였는지 일 년이었는지 병원 관련 강의를 들을 때 강의하시는 분이 칠판에 단어 둘 사이에 화살표를 그리면서 설명했던 내용이다. 강의할 때의 노트이건 강의 들을 때의 노트이건 절대로 버리지 않는 내 책장의 과거를 일부러 찾아본 건 아니지만 그 당시 들었던 내용이 수긍이 되었던 것도 있고 『철의 여인』 대사를 가지고 유추해서 만든 것도 있지만 맞게 기억한 것 같다. 두 글은 내용이 같아 보이지만 위의 글은 권고 같고 아래의 글은 경고 같다.

　그 강의의 수강생은 병원에서 코디네이트로 일하는 사람들이 대부분이었다. 치과나 피부과의 간호사와 병원을 직접 운영하는 이도 있었고 병원장의 배우자도 있었던 걸로 기억한다. 봉사자인 나도 환자들에게 병원 관련 설명을 하거나 한국의 병원 체계를 잘 모르는 외국에서 온 환자를 만날 때 필요할까 해서 듣고 있던 강의였다.

　영화에서 대처 수상의 아버지가 딸에게 준 가르침이라고 한 위의 대사를 찾아보는데, 한 인용의 말미에 'Lao Tzu'라는 이름이 붙어 있었다('Lao Tzu'는 Lao zi, Lao-Tze 등과 같이 '노자'를 말함). 몇 년 전 신부님이 주보 뒷면에 올리셨던 노자의 『도덕경』 67장, 「세 가지 보물」을 찾아보느라 읽긴 했지만 그런 내용이 있었는지 기억나지 않았다. 신부님이 인용하신 부분의 不敢爲天下先(세상에서 감히 앞장서 나서지 마라, 김인환 번역)을 '누군가를 가르치려 드는'(영어번역은 'Only he that refuses to be foremost of all things'로 나와 있다)이라 한 번역이 왠지 야단맞는 것 같아 불편해서 마음에 드는 번역을 찾을 때까지 남편의 서가에서 각기 다른 번역의 『노자』 열 권 정도를 가져다 67장을 비교했었다.

『철의 여인』에 나오는 이 대사에 '노자'라는 이름이 바이라인(byline 기사에 붙이는 필자의 이름이나 출처를 적은 행)으로 붙어 있으니 「도경」 37장 「덕경」 44장, 81장, 『노자』를 다시 읽기로 했다. 그러나 다시 읽은 『도덕경』 81장 어디에서도 '대처 아버지의 가르침'이라는 메릴 스트립의 명대사는 찾을 수 없었다. 내가 글이 짧아 같은 행을 보고도 못 알아봤을 수도 있긴 하다.

책을 읽으면서 가끔 별표가 붙어 있는 것처럼 눈에 띄는 문장이 있다. 이번에 『노자』를 다시 읽으면서 만난 '별'은 제 15장에 나오는 '겨울 강을 건너듯 머뭇거리고'였다. 나는 사람을 만나거나 무슨 일을 시작할 때, 그리고 사람이나 일을 포기할 때, 오래 생각하지만 결정하는 순간에 머뭇거리지 않는다. 며칠을 울다가 기절하는 한이 있어도 결정하면 그걸로 끝이었다. 평생을 후회하는 한이 있어도 머뭇거리는 걸 싫어한다. 이 나이 되도록 살면서 그 성정 때문에 내가 잃은 것들이 한두 가지였겠는가. 정말 '신중하게' 결정했다면 기절할 때까지 울지 않았어야 하는 게 맞다. 결론적으로 말해서 결정하기 전에 충분히 신중했다고 우겼던 그 머뭇거림들이 충분하지 않았던 거다. 이제라도 '겨울에 강을 건너듯 머뭇거리고'(豫兮若冬涉川, Circumspect they seemed, like one who in winter crosses a stream)를 만나 다행이다.

신부님의 정성에 딴지를 거느라 읽기 시작했던 『노자』는 오늘 다시 만난 내게 겨울에 강을 건너듯 머뭇거리라 하신다. 신부님께 말씀드리지 않았지만 내 수필집에 「세 가지 보물」이라는 제목으로 실려 있다. 언젠가 정동 프란치스코 회관에서 열린 임상사목 세미나에서 마주쳤던 신부님께 말씀드릴 수 있었지만 그러지 않았다.

결정했으면 끝까지 그냥 가는 내게 성인께서 『도덕경』을 읽은 상으로 별표를 붙여 '겨울 강'을 주신 것 같다. 겨울에 강을 건널 때처럼 '신중하라'는 성인의 말씀은 내게 주신 '성격'과 '운명'에 대한 교훈이 되어, 언젠가 가슴 속에서 겨울에 강을 만날 때 머뭇거릴 것을 가르치신다. 이제, 나이에 맞게 신중 또 신중하라고.

2020년 11월

같이 놀래요?

대학 2학년 때인가 한 남자를 만났다. 어느 날 아침, 학교 정문 맞은 편 제기동 쪽 골목 안 하숙집에서 나오는데 그 남자가 좁은 골목을 막고 서 있었다. 큰길로 나가야 학교에 갈 수 있어 비키면 가려고 잠시 기다리는데, 그는 큰길을 향해 꼼짝도 하지 않고 서 있었다. 중간 키에 말라도 너무 마른 그는 책 두어 권을 한 손으로 옆구리에 붙여 들고 서 있었는데 그 자세로 내가 나갈 골목길을 완벽하게 봉쇄하고 있었다.

지나가겠다는 내 말에 들고 있던 책을 떨어뜨리고 만 그는 그 아침에 그 골목 어귀에서 아침부터 웬 망연자실이었을까?

그 후에도 나는 학교 부근에서 그와 자주 마주쳤다. 아니 마주쳤다기보다 오가는 그를 보았는데, 그는 겨울에 코트를 잘 입지 않고 책 두어 권을 든 채 학교 담장 아래 큰길가로 걸어서 학교로 가고 있거나 학교 반대 방향으로 가고 있었다. 수업이 있는 시간에 하숙집에서 나오며 그를 보았고, 점심을 하숙집에 들어가서 먹고 오후 수업에 가는 길에, 수업이 끝나고 집으로 가는 그를 보기도 했다. 골목에서 나를 가로막지 않았더라면 그를 기억하지 못했을지도 모르지만 어쨌든 그 후로 한동안 우리는 학교 안팎에서 자주 마주쳤다. 그가 나를 알아보는지 알 수 없었지만, 학교 전체를 통틀어도 여학생이 몇 명 되지 않았으니 나는 우리가 늘 서로를 알아본다고 생각했다. 어쩌다 마주칠 때 짓는 그의 약간 애매한 아니 모호한 그런 미숙하고 수줍은 미소는 우리가 아는 사이라는 내 생각을 거의 확실하게 했다.

  결혼하고 처음 맞는 명절, 구정 당일에는 각각 다른 시간에 오는 손님들에게 따로 상을 내고 치우느라 정신이 없었다. 다음 날, 어른들이 점심을 드신 다음 저녁 시간까지의 식간에 기숙사에 있는 동생을 보러 성당 기숙사에 들렀다. 동생을 데리고 기숙사에서 5분 거리에 있는 조선일보사 부근 찻집에 앉았는데, 그곳은 여학생들이 기숙사 문이 잠기는 열 시 10분 전까지 남자 친구와 앉아 버티는 마지막 장소이기도 했다. 수녀원까지 5분이면 들어가지만 남자친구와 헤어지는 의식을 위한 시간이 5분 정도는 필요했으니까.

  명절이라 그런지 찻집에 손님이 별로 없었다. 저녁 시간이 아직 여유가 있었지만 그래도 마음이 바쁜 내게로 한 테이블 건너 자리에 앉아 있던 손님 중 한 사람이 다가왔다. 쭈뼛쭈뼛하며 그는 우리 테이블에 합석해도 되냐고 물었다. 기숙사 이야기를 들었는지 두 사람이 친구인데 자기네들도 명절에 둘 다 집에 못 갔다고 하면서, 회사는 쉬고 하숙집에 있는 것도 눈치 보여서 나왔는데 마땅히 갈 데도 없고 할 것도 없다며 자기들과 같이 저녁이라도 먹으면 안 되냐고 했다. 다른 남자가 거들어야겠다 싶었는지 우리 테이블로 다가왔다. 바로 학교 부근에서 한 일 년 동안 거의 매일 마주치던 그 남자다. 그가 나를 보며 말했다. 내가 아는 그 수줍고 어릿어릿한 미소를 지으며, "오늘 같이 놀래요?"

그제야 나는 그가 학교 가까운 곳에서 하숙을 하는 지방에서 온 학생이었다는 걸 알았다. 나는 그를 아는데 그는 나를 몰랐다. 순진해 보이는 정도가 아니라 너무 바보 같아 보이는 두 남자를 나는 자리에 앉으라고는 했다. 그는 정말 나를 몰랐다. 대학 시절의 도도한(?) 나는 몰라보고, 층층시하에 기가 다 빠진 임신부한테 이제 와서 "같이 놀래요?"

그 세월을 다 건너 이제 "바다에 다 와 가는 소리 죽은 가을 江"이 되어있는 오늘 설날 아침, 느닷없이 떠오른 오래전 그들의 모습이 순수하고 아름답다. 그런데 언뜻, 그 인간이 바보인 척 나를 놀린 건 아니었나 싶은 건 또 무슨.

궁금하다. 졸업식 날 코트도 없이 양복 바람에 혼자 졸업장 말아 넣은 케이스 하나 들고 학교 밖 담장 따라 걸어가던 그는 지금 어떻게 나이 들었을까?

울음이 타는 가을강

박재삼

마음도 한자리 못 앉아 있는 마음일 때,
친구의 서러운 사랑 이야기를
가을 햇볕으로나 동무삼아 따라가면,
어느새 등성이에 이르러 눈물나고나

제삿날 큰집에 모이는 불빛도 불빛이지만,
해질녘 울음이 타는 가을江을 보겠네.

저것 봐, 저것 봐,
네보담도 내보담도
그 기쁜 첫사랑 산골 물소리가 사라지고
그다음 사랑 끝에 생긴 울음까지 녹아나고
이제는 미칠 일 하나로 바다에 다와가는
소리 죽은 가을江을 처음 보겠네.

2018년 2월

지상의 별

2016년 성탄절에 미국의 천문학자 베라 루빈(Vera Cooper Rubin) 박사(1928. 7. 23.~2016. 12. 25.)가 타계했다. 1970년대, 그녀는 보이지 않는 암흑물질(dark matter)이 별들 사이를 채우고 있어 중력의 법칙과는 달리 은하의 안쪽에 있는 별들과 바깥쪽의 별들이 같은 속도로 회전한다는 것을 발견한 천문학자다. 별이 회전하면서 흩어지지 않는 것은 성간을 메우고 있는 암흑물질 때문이라는 연구이다. 1948년 프린스턴대학의 천체물리학 대학원은 여자라는 이유로 그녀의 입학을 거절했었다.

그녀는 후에 코넬대와 조지타운 대학에서 공부했고, 조지타운 대학의 교수로, 카네기 연구소의 연구원으로, 평생 천문학자로서 많은 일을 했고 여성 과학자들이 받는 부당한 차별을 개선하기 위해 노력했다고 한다. 코넬대학의 물리화학 교수인 남편과의 사이에 네 명의 자녀를 두었는데 그들은 다 부모의 전공과 관련된 분야의 교수로 재직하고 있다. 그녀는 노벨상위원회의 성차별로 노벨물리학상 수상에서도 번번이 제외되었다. 여성 과학자가 그랬다면 다른 분야에서 남성과 마찬가지로 업적을 낸 여성들은 제대로 된 대우를 받았을까? 특출한 여성들이 아닌 평범한 여성들의 경우는 어땠을까?

　남자들과 같은 대접을 받은 건 대학을 졸업할 때까지였던 것 같다. 가끔 대학 속에 있었어야 했다는 생각을 할 때가 있다. 적어도 그때까지의 내 인생은 아버지와 마지막 첩, 자식 같은 어린 첩 때문에 어머니가 돌아가신 가정사를 논외로 제쳐두면, 단지 여자라는 이유로 그렇게 힘들었던 적은 없었다.

　내가 마주쳐야 하는 많은 일이 힘에 부쳐서 생각해 낸 대책이 다시 대학으로 돌아가는 것이었다. 지방에 있는 대학에 가 있던 남편과 다시 서울로 왔을 때 나는 대학원에 가기 위해 불어 공부를 시작했다. 그 당시 불문과 대학원생에게 불어를 배웠는데, 몇십 년 만에 현산 씨 병실에서 만난 불어 선생님 정명희 씨를 나는 기억하지 못했다. 그 당시 불어를 배우러 다닌 지 그리 오래지 않아, 책 한 권을 다 공부하기 전에 할머님, 어머님 두 분 어른들로부터 '금지' 명령이 떨어졌다. 다음 해까지 불어 공부를 하고 대학원 진학을 하려던 내 계획은 마지막 불어 공부를 하러 간 날, 제2 외국어가 필요 없는 교육대학원에 원서를 내면서 수정되었다. 대학원을 다니는 동안 내 고난은 대단했다. 대학원을 끝내고 세 곳에서 교양 영어와 비즈니스 영어를 가르치는 동안은 더 대단했다.

　숨이 막혀서 현관문을 열고 깜깜한 마당으로 나왔는데 그래도 숨이 잘 쉬어지질 않았다. 마치 다시는 돌아오지 않을 것처럼 반지를 빼서 책상에 올려놓고 안에서 누가 열어주지 않으면 들어올 수 없는 대문을 열고 밖으로 나왔다. 눈이 내린 며칠을 지옥처럼 보내다 얼어붙은 밤길에 무턱대고 나섰다. 쌓인 눈이 녹았다가 사람들이 낮 동안 밟은 발자국 모양대로 다시 얼어붙은 밤길이 검은 융단처럼 펼쳐진 위로 수억 개의 별이 지상으로 내려와 얼어붙은 발자국마다 가득 차 있었다.

  그때야 울기 시작했다. 지금 생각하면 집을 나온 이유 때문에 운 게 아니고 내 발밑 얼어붙은 발자국 속으로 쏟아져 내려온 별들이 너무 아름다워서 울었던 것도 같다.

  추워서인지, 우느라 심호흡을 해서인지 숨이 쉬어졌다. 숨이 좀 쉬어지자 추위가 손끝 발끝을 찔렀다. 반지 빼놓고 나오면서 홈웨어 위에 카디건도 걸치지 않고 맨발에 고무 슬리퍼를 끌고 나왔으니 얼마나 추웠을까? 십 분은 걸어야 가는 슈퍼 앞까지 갔다가 너무 추워서 엉엉 울면서 다시 집으로 왔다. 그래도 그 새벽에 쏟아져 내린 수억 개의 별들은 내게 은총이고 구원이었다. 그 후로 한동안은 숨이 막히지 않았다. 그리고 다시 반지를 빼지 않았다. 나는 가끔 눈 그친 추운 밤에 언 땅에 비치는 별이 보이나 나가 본다.

  딸이 대학 4학년 때 컨설팅 기업 맥킨지를 포기하고, 지금까지 공부하느라 많이 고생했지만, 아니, 앞으로도 공부하느라 계속 고생하겠지만 그래도 대학으로 들어가서 다행이다.

2017년 11월

가을앓이

딱 이맘때, 더위가 가시고 기온이 서늘해지면 짧은 소매 아래로 양팔에 두드러기가 났다. 내 기억으로 대여섯 살도 되기 전부터 그랬던 것 같다. 날이 조금만 쌀쌀하거나 궂으면 두드러기가 나서 가려운 대로 긁어, 피가 나면 엉엉 울곤 했다. 오늘처럼 비가 오는 날은 더 했다. 그 기분 나쁘게 스멀거리는 참을 수 없는 가려움이라니, 지금 생각해도 징그럽고 싫다. 저녁이 좀 지나 밤이 되면 배도 아프기 시작했다. 아파서 뒹굴다 아버지가 한참 동안 업어주셔야 잠이 들었다. 할머니는 두드러기가 속으로 들어가서 그런 거라고 하셨다.

그 후에도 한참 동안 가을이 올 때는 징그러운 두드러기와 배앓이가 계속되었다. 회사가 끝나고 시계처럼 들어오시던 아버지께서 저녁을 드시고 잠시 쉴 때쯤 어김없이 배가 아팠다. 그럴 때면, 아버지께서 누웠다 앉았다 난리 치며 뒹구는 나를 업고 두어 시간을 왔다 갔다 해주셔야 잠이 들었다. 꼭 아버지가 업어주셔야 잤다. 랖프 불에 비친 키 큰 아버지 그림자가 벽에 가득 찼다 스러졌다 어지러울 때쯤 거짓말처럼 배앓이가 나았다. 나는 아침까지 편히 잘 수 있었다.

초등학교에 다니는 내내 아침 일찍 아버지가 출근하시는 시간에 학교에 갔다. 뭘 잘 먹지 않는 키 작은 약골인 어린 딸에게 어머니는 아버지 상을 차리시며 작은 놋주발에 담은 밥 한 숟가락을 마주 올려주셨다. 그렇게 나는 새벽같이 일어나 아버지와 겸상해서 아침을 먹고 아버지와 같이 집을 나섰다. 철길을 건너 신작로까지 내려가서 아버지는 시내 쪽으로 가시고 나는 학교 쪽으로 난 다리를 건너갔다. 너무 일러서 학교 길에는 늘 아무도 없었다. 혼자 가는 길이 무서울 때도 있었지만 나는 아버지와 같이 밥을 먹고 같이 집을 나서는 게 좋아서 매일 아침 일찍 일어났다.

초등학교에 들어가기 전부터 아버지와 내가 같이 하던 일이 하나 있었는데 바로 램프 유리를 닦는 일이었다. 아버지는 늘 부엌 밖 대밭에서 대나무 가지를 잘라다 '지리가미(휴지)'를 돌돌 감아서 볼록한 램프 유리의 안쪽에 검게 그을린 그을음을 닦곤 하셨는데, 어느 날 옆에 쪼그리고 앉아 아버지가 하는 작업을 열심히 관찰하고 있는 내게 아버지께서 물어보셨다. 손이 작아서 램프 유리 속에 들어갈 수 있을 것 같다고 하시며 그을음을 닦아보겠냐고 하셨던 것 같다. 팔부터 걷는 내게 아버지는 램프 유리 닦는 일을 시켜주셨다.

램프 유리의 윗부분은 트인 동그라미가 작았지만, 아래쪽 램프의 심지 둘레에 놓이는 동그라미는 조금 커서 내 손이 들어갔다. 아버지께서 유리를 붙들어주시면 내가 소매를 말아 올리고 지리가미 쥔 손을 유리 속에 오므려 넣어 램프 유리의 안쪽에 묻은 그을음을 살살 닦아냈다. 내가 아버지와 처음으로 같이 한 공동 작업이었다. 아버지는 가끔 유리를 비눗물에 씻기도 하셨는데 미끄러워서 조심해야 한다고 하셨다.

어느 날 아버지가 안 계신 낮 동안에 램프 유리를 벗겨서, 아버지께서 유리를 잡아주면 내가 했던 것처럼 한 손으로 유리 위쪽 좁은 데를 잡은 다음 유리 속에 손을 넣어 지리가미로 그을음을 살살 닦아서 조심조심 다시 램프에 올려놓았다. 퇴근하신 아버지께서 저녁을 드신 다음, 알아보시나 조마조마 기다리는 나를 부르셨다. 오늘 착한 일을 했지만, 램프 유리를 닦다가 떨어뜨리면 유리도 깨지지만 깨진 유리 조각에 손을 다치면 피가 많이 나서 큰일 난다고 하시며 다시는 혼자서 램프를 만지면 안 된다고 하셨다.

그 후로는 아버지와 램프 유리를 닦은 기억이 없다. 가을의 냉기에 두드러기가 난 기억도, 밤이면 배가 아파서 울다가 아버지 등에 업혀서 잠이 들던 기억도 없다. 하지만 키 큰 아버지의 넓은 등이 배가 아플 때마다 내 차지였던 어린 시절에는 인생이 참 편안하고 세상 쉬웠던 것 같기는 하다.

가을비가 추적추적 좋일 내린다. 오래전부터 나는 날이 궂거나 기온이 갑자기 내려가도 두드러기가 나지 않는다. 환절기만 되면 되풀이되던, 도무지 이유를 알 수 없는 배앓이도 하지 않은 지 오래다. 그리고 지금은 호랑이 아버지의 넓은 등이 더 이상 필요하지 않다. 그래도 오늘 가을비 내리는 소리에, 어린 내가 잠들 때까지 업어주시던 키 큰 아버지의 세상에서 가장 편안하던 넓은 등이 기억나서 참 다행이다.

2017년

파리로 가는 길

초판인쇄 2024년 12월 25일
초판발행 2024년 12월 30일

지은이 박경화

발행인 강병욱
발행처 도서출판 교음사

03147 서울 종로구 삼일대로 457 수운회관 1308호
Tel (02) 737-7081, 739-7879(Fax)
e-mail : gyoeum@daum.net
등록 / 제2007-000052호

* 잘못된 책은 바꿔 드립니다. 값 15,000원

ISBN 978-89-7814-472-8 03810

- 이 책 내용의 전부 또는 일부를 재사용하려면 저작권자와 교음사의 동의를 받아야 합니다.
  지은이와의 협의 하에 인지는 생략합니다.